Jörg Zink
Hans-Jürgen Hufeisen

einfach feiern

Worte aus der Bibel,
Gebete und Lieder
zu den Tageszeiten
und Festen
im Jahreskreis

Bibliographische Information der Deutschen Nationalbibliothek:
Die Deutsche Nationalbibliothek verzeichnet diese Publikation in der Deutschen Nationalbibliographie; detaillierte Daten sind im Internet über http://dnb.d-nb.de abrufbar.

ISBN 978-3-88671-564-0

Im Alten Rathaus / Hauptstr. 37
D-79427 Eschbach / Markgräflerland

www.verlag-am-eschbach.de

Lektorat: Martin Schmeisser, March-Hugstetten.
Umschlagbild und Gestaltung: Ulli Wunsch, Wehr.
Satz: Schwabenverlag Media der Schwabenverlag AG, Ostfildern-Ruit.
Herstellung: freiburger graphische betriebe.

Inhalt

Für wen ist dieses Buch bestimmt?

Für eine Reisegruppe, die irgendwo an der Küste Irlands aus dem Omnibus aussteigt, um hoch über den Felsklippen den Morgen oder Abend zu feiern.

Oder eine, die morgens, ehe sie sich zu einem Alpengipfel aufmacht, ein Stück weit von ihrem Hotel einen Platz sucht mit einer Aussicht auf das Panorama der Berge.

Oder eine Gruppe aus einer Gemeinde, die an einem See in Mecklenburg abends ihre Freizeit beschließen will oder sich auf einer Kunstreise in der Krypta einer Kathedrale versammelt.

Irgendjemand, ein Pfarrer oder Laie, sagt: Leute, wir gehen dort hinüber! Irgendein musikalischer Mensch, ob Kantor oder nicht, der sich zutraut, ein neues Lied anzusingen, wird dabei sein. Und da außer den Vögeln auf dem nächsten Baum niemand zuhört, ist es nicht so wichtig, ob das gemeinsame Singen Konzertreife erreicht.

Aber wir stellen uns auch eine normale Gemeinde vor an einem Abend in der Advents- oder Passionszeit, oder eine Tagung in einer Akademie und einen Tagungsleiter, der dem Tag einen festlichen Beginn oder einen dankbaren Abschluss gibt. Die Rolle zu übernehmen, die der oder die in unserem Buch mit E Bezeichnete spielen wird, ist jedermann berechtigt.

„Unter dem Blätterdach eines Baums
sitzt ein Busch
und singt"
sagt ein indianischer Vers.

Und die Bibel fordert alle lebendigen Wesen auf, mit uns Menschen zusammen zu singen. Sie meint, wir sollten nicht immer nur reden, sondern etwas ganz und gar Nutzloses tun: singen. Wir sollten, noch ehe wir ein Instrument zur Hand nehmen, selbst zum Instrument werden mit der ganzen Reichweite an Farben und Klängen unserer Stimmen. Wir sollten nicht warten, bis uns das vollkommene Lied gelingt, sondern aus dem Augenblick und mit den Sprachmitteln, die wir jetzt hätten, das unsere singen.

Ein Psalmbeter sagt: „Du hast meine Klage verwandelt in einen Reigen, du hast mir den Sack der Trauer ausgezogen und mich mit Freude gegürtet, dass ich dir lobsinge und nicht still werde".

„Singet dem Herrn“, heißt es in den Psalmen. Die ganze Geschichte des biblischen Volkes hindurch zieht sich die Aufforderung, „zu singen, zu rühmen und zu loben“. Diese Sprache des Atems aber soll sich weiten zur Bewegung, zum Tanz, zum kultischen Spiel, in dem das Lied sichtbare, lebendige Gestalt findet.
Die Bibel sagt auch, die Bäume, die Berge, die Sterne sollen singen. Sie sollen Gott preisen, nicht mit einer hörbaren Stimme, aber damit, dass sie zeigen, was Gott in sie gelegt hat. Wenn ein Baum sein besonderes Leben als Baum auslebt, so „singt“ er ein Lied für Gott. Das meint auch der indianische Vers von dem Busch unter dem Baum.
Was heißt denn singen? Es heißt, den eigenen inneren Rhythmus und die eigene innere Melodie mit der Luft spielen lassen. Singen heißt, seiner Seele mit allem, was in ihr lebt, eine hörbare Gestalt verleihen. Es heißt, was an Stimmungen in ihr ist, auf einen reinen Ton stimmen. Indem wir aus- und einatmen, beginnt die Musik. Luft ist das Element des Traums, des Schwebens, der Freiheit, Element der Inspiration.
Klang entsteht, breitet sich aus, dehnt sich in der Zeit, läuft durch den Raum. Er schwingt zurück und kehrt wieder, weckt andere Klänge. Und je nachdem, was da schwingt und wie es schwingt, kann ein Ton heilen oder verletzen, einlullen, lebendig machen oder verführen. Das Geheimnis der meditativen Musik, der Gregorianik, der orthodoxen Liturgie, der alten Klostergesänge ist die tröstende und heilende Kraft, die von dieser Musik ausgeht. So auch gilt es die heilende Kraft der Bewegung, der Schwingung, des rhythmischen Geschehens in uns selbst und um uns her neu zu entdecken.
Die ganze Welt ist ja ein einziges ungeheures Feld von Schwingungen. Im Grunde ist alles, was ist, eine einzige große Musik. Die Bewegungen der Gestirne wurden früh schon mit dem Symbol der „Himmlischen Musik“ gedeutet, mit der „Harmonie der Sphären“, und bis zu den kleinsten Bauteilchen der Materie besteht nach der Sicht einer sensibel gewordenen heutigen Wissenschaft alles aus Klang, aus staunenswert abgestimmter, klingender und verbindender kosmischer Musik.
Wenn wir singen, öffnen wir unserer Seele einen weiten Raum. Wir geben ihr eine klingende Gestalt, und die Weite, die wir gewinnen, öffnet sich uns für Freude und Trauer, Dank oder Klage. Dieser Raum klingt und wird lebendig durch Resonanz. Nichts

klingt ohne Resonanz. Das gilt nicht nur für Musikinstrumente, sondern auch für uns selbst. Es muss in uns eine Art Musik sein, wenn wir Musik verstehen wollen. Wir müssen in uns eine Art Saite haben, wenn der Ton einer Saite uns etwas sagen will, eine Art Flöte, wenn der Klang einer Flöte uns erreichen will. Denn wie zum Klang ein Ohr gehört, das ihn vernimmt, so vernimmt das Ohr nur die Klänge, für die es geschaffen ist. So erkenne ich nur, was zuvor schon in mir gelebt hat, es berührt mich nur, was zu fühlen ich die Zartheit habe; so sagt die Bibel, ich könne von Gott nur sinnvoll reden, wenn er selbst mir seinen Geist gegeben habe wie ein aufnehmendes Organ, wenn also Gott auch in mir selbst sei. Der Geist weckt die Töne, die auf dem Instrument unserer Seele erklingen sollen. Gott nimmt sie auf, und es beginnt etwas zu schwingen zwischen Himmel und Erde.
Es ereignet sich das, was wir „Inspiration" nennen. Inspiration ist Einatmen und Wiederentlassen des Atems Gottes. Atme den Atem Gottes ein und gib ihn frei und atme ihn wieder ein! Warum fehlt uns so oft der Mut, Inspiration zu empfangen und uns auf sie zu berufen für das, was wir singen oder sagen? Es könnte in unseren Kirchen viel in Bewegung geraten, wenn wir uns vom Geist Gottes bewegen ließen und diese Bewegung weitergäben, in Gang gesetzt durch die schaffende Kraft, die in Gott ist.

Einige Lieder können in einen Tanz umgesetzt werden. In jeder Gemeinde gibt es Leute, die eine tänzerische Bewegung mit einer Gruppe erfinden und gestalten können. Wir sind uns zwar darüber im klaren, dass der Tanz in unseren Kirchen sowohl an den festsitzenden Bänken scheitert als auch an der Meinung, der Tanz sei nun einmal eine weltliche Vergnügung. Aber das ist nicht biblisch.
Nach dem Durchzug der Israeliten durch das Rote Meer nahm Mirjam, die Prophetin, eine Pauke in die Hand, und alle Frauen folgten ihr nach mit Pauken in einem Reigen. Und Mirjam sang ihnen vor: „Laßt uns dem Herrn singen, denn er hat eine herrliche Tat getan." Als David die Bundeslade nach Jerusalem brachte, „da tanzten David und ganz Israel vor dem Herrn mit aller Macht im Reigen". Psalm 87 sagt: „Sie singen beim Reigen: Alle meine Quellen sind in dir". Und so wiederholt sich die Aufforderung, im Zusammenhang eines Gottesdienstes zu tanzen, durch das ganze Alte Testament. Als Maria ihr Lied sang: „Meine Seele erhebet

den Herrn", da ging ihr Lied – wir können es uns nicht anders vorstellen – ganz selbstverständlich in einen Tanz über. Dass man ein Lied singen könne und dabei auf einem Stuhl sitzen, das wäre für Frauen jener Zeit unvorstellbar gewesen. Eine singende Gemeinde, die in Bänken sitzt, ist eine Erfindung des späten Abendlandes. Was wäre denn eine dem Evangelium angemessene Form des Tanzes?

Mit dem Tanz verbunden sind Geste und Gebärde. In der alten Kirche gehörten die weit nach oben geöffneten Arme und Hände zum Gebet. In den alten Kreuzgängen in den Klöstern waren Beine und Füße am Nachdenken und Beten beteiligt. Die Menschen dort gingen stundenlang. Das war nicht ein zweckgebundenes Gehen irgendwohin, sondern ein Schreiten mit eigenem Sinn. Durch das ständige Vorsetzen der Füße und das immer wieder auch eingeschobene Zurücksetzen entstand ein Rhythmus, der in eine tiefe Meditation führte. Mit dem ganzen Körper bewegte man sich in den alten Mysterienspielen. Im körperlichen Nachvollzug von christlichen Geschichten spielten die Menschen sich in ihr Verständnis hinein. Die Bewegung, der Tanz und die vielfältigen Gesten gehörten zu den selbstverständlichen Stilmitteln des lebendigen Spiels. Wenn wir bedenken, wie arm unsere Gottesdienste an Bewegungen und Gesten sind, so wundern wir uns nicht mehr, wenn sie einfach als langweilig und nichtssagend von vielen gemieden werden.

Uns ist doch viel mehr zugedacht, als passive Zuhörer zu sein: Wir sollen Instrumente des Geistes Gottes werden. Wer in dieser Schwingung lebt zwischen Himmel und Erde, der kann feiern. Denn wenn wir ein Fest feiern, dann feiern wir das Leben, das Gott uns gab. Das Fest sagt: Du hast Leben vor dir, unendliche Lebendigkeit. Eines Tages, so sagt das Fest, wirst du anhalten, einatmen, durchatmen. Du wirst frei im Wind Gottes stehen, erfüllt mit seinem Atem, und wirst erst recht noch einmal anfangen zu leben. Das Fest erlaubt uns, unsere Stimmen einzubringen, auch unsere bescheidenen, mehr oder weniger gut geratenen Verse, unsere Melodien, unser gemeinsames Leben und alles, was es zu hören, zu sagen und zu singen gibt.

Die Worte, die Tonarten, die Harmonien und die Rhythmen, die wir gewählt haben, sind von der Atmosphäre der Zeit und der Feier bestimmt. Der Morgen verlangt Töne, in denen wir wach werden und uns aufrichten. Die Lieder am Abend suchen Samm-

lung in der Erinnerung und die Ruhe in Klang und Harmonie. Die Lieder der Passion leben von der immer erneuten Wiederholung der Klage. Der Ostermorgen beginnt mit einer schwermütigen Melodie, erst später beginnt im Halleluja das Osterlachen zu erklingen. Es ist wichtig, dass Sie sich Zeit nehmen, wenn Sie die Lieder, Kanons und Kehrverse singen. Nutzen Sie auch die Mehrstimmigkeit, die in den deutschen Kirchen leider allzusehr den Kirchenchören überlassen bleibt.
Wir brauchen dabei nicht zu betonen, dass die Texte, die Lesungen, die Melodien und die Gebete nicht allein im Garten der beiden Verfasser gewachsen sind. Es sind Gedanken der Bibel, Überlieferungen der Kirche, aus denen sie stammen, und es sind viele Freunde, die im Lauf der Jahrzehnte an ihrer Entstehung beteiligt waren. Bis auf die mit den Namen gekennzeichneten Texte und Melodien der Lieder ist darum nichts als geistiges Eigentum der Verfasser anzusehen. Es ist Eigentum derer, die es verwenden, nachsprechen oder verändern wollen.
Jede der Feiern in diesem Buch dauert, wenn sie im vorgeschlagenen Wortlaut stattfindet, etwa zwanzig bis dreißig Minuten. Das Angebot bleibt indessen völlig offen. Es kann jederzeit gekürzt oder verändert oder erweitert werden. Es kann im Anschluss an die Lesungen auch eine Ansprache oder Auslegung folgen. Vor allem auch bei der musikalischen Gestaltung ist nichts vorbestimmt. Will man am Anfang oder am Ende oder im Verlauf der Feier Instrumente einsetzen, so ist dem keine Grenze gesetzt. Hauptsache, es wird mit Freude und Phantasie gestaltet und es entsteht eine Feier für die Menschen, die sich versammeln. Darüber hinaus ist das meiste in diesem Buch, einschließlich der Liedtexte, aber auch für den persönlichen Gebrauch gedacht.
Wir wünschen Ihnen Mut und gutes Gelingen.

Jörg Zink und Hans-Jürgen Hufeisen

Ein Morgen leuchtet hell ins Land

VORSPRUCH

E Die Nacht ist vergangen,
der Tag ist da.
Lasst uns wachen und nüchtern sein
und abtun, was uns träge macht,
dass wir leben unter seiner Sonne
und ihn preisen, unsern Gott,
vom ersten Morgenlied an
bis zur Ruhe der Nacht.

LIED „Ein Morgen leuchtet hell ins Land"

PSALM 104

E Ich will dich rühmen, mein Gott!
Wie bist du so groß!
Schönheit und Glanz sind dein Kleid.
Licht hüllt dich ein wie ein Schleier.

A Du breitest den Himmel aus wie ein Zelt
und bist uns nahe in allen Räumen des Alls.
Wolken sind deine Wagen,
auf Flügeln des Windes fährst du dahin.

E Fest ist die Erde, auf der wir stehen.
Du hast sie gegründet.
Du lässt Quellen rinnen
zwischen den Bergen.
Die tränken die Tiere auf dem Feld.
An den Ufern wohnen die Vögel
und singen unter den Zweigen.

2. Der Morgen ruft mit leiser Stimm: / Was Gott dir sagt, o Mensch, vernimm! / Höre! Höre, / dass dich nichts beschwere.
REFRAIN

3. Der Morgen gibt dir weiten Raum. / Wach auf, steh auf aus Nacht und Traum. / Singe! Singe, / dass der Tag gelinge.
REFRAIN

Text: Jörg Zink, Musik: Hans-Jürgen Hufeisen

LIED „Du Licht des Morgens“ (einstimmig)

E Du tränkst die Berge mit deinen Wassern.
Aus deinen Wolken wird die Erde satt.
Du lässt Gras sprießen für die Tiere
und Saatgrün unter der Hand des Menschen.
Brot bringst du aus der Erde hervor
und Wein, der unser Herz froh macht.

A Du hast den Mond gemacht,
der uns das Jahr teilt,
und die Sonne, die ihren Weg kennt
bis zum Niedergang.

E Du schaffst die Dunkelheit.
In der Nacht regen sich die Tiere des Waldes.
Die jungen Löwen brüllen nach Nahrung
und fordern ihre Speise von dir.
Wenn die Sonne aufstrahlt,
kehren sie um und ruhen in ihren Höhlen.

LIED „Du Licht des Morgens“ (Sopran und Tenor)

E Dann tritt der Mensch heraus an sein Werk
und tut seine Arbeit bis zum Abend.
Gott, unendlich reich sind deine Werke.
In Weisheit hast du sie alle geschaffen,
und die Erde ist deiner Schöpfungen voll.

A Alles Preises würdig ist Gott.
Ich will ihm singen mein Leben lang.
Ich will ihm spielen, solange ich bin,
mir zur Freude und ihm zum Ruhm.

LIED „Du Licht des Morgens“ (vierstimmig)

Text: Jörg Zink, Musik: Hans-Jürgen Hufeisen

GEBET

E Du Gott des Lichts, ich preise dich,
der du der Morgen bist und der Abend,
der Anfang und das Ende der Welt.
Ich danke dir für die Ruhe der Nacht
und das Licht eines neuen Tages.
Von dir kommt alles, was geschieht.

Du lebendige Kraft,
gib deine Kraft uns, damit wir erwachen.
Du alles umfassende Weisheit,
lehre uns verstehen, wohin unser Weg führen soll.

Du schaffst Freude in den Traurigen,
Trost in den Schwermütigen,
Klarheit in den Verwirrten,
Lebenskraft in den Schwachen.
Schaffe Licht auch in uns
in der Frühe deines Tages.

LIED „Dich rühmt der Morgen"

LESUNG AUS JOHANNES 1

E Im Anfang war das Wort,
das Wort war bei Gott,
und Gott war das Wort.

Was jemals entstand,
wurde durch das Wort,
das Gott sprach.
Was jemals entstand,
wurde durch seine lebendige Kraft.

Sein Leben war das Licht,
das uns Menschen leuchtet.
Das Licht scheint in der Finsternis,
und die Finsternis
konnte es nicht löschen.

2. Du hast das Leben allen gegeben, / gib uns heute dein gutes Wort. / So geht dein Segen auf unsern Wegen, / bis die Sonne sinkt, mit uns fort. / Du bist der Anfang, dem wir vertrauen, / du bist das Ende, auf das wir schauen. / Was immer kommen mag, du bist uns nah. / Wir aber gehen, von dir gesehen, / in dir geborgen durch Nacht und Morgen / und singen ewig dir. Halleluja.

Text: Jörg Zink, Musik: Giovanni Giacomo Gastoldi 1591(„In dir ist Freude")

Es war das wahrhaftige Licht,
das jedem Menschen leuchtet,
der in die Welt kommt.

Und das Wort wurde ein Mensch
und wohnte unter uns.
Wir sahen die Herrlichkeit,
die der Sohn hat vom Vater,
voller Gnade und Wahrheit.
Und aus seiner Fülle
haben wir alle empfangen
Gnade um Gnade.

KANON „Gott, du Geheimnis der Schöpfung" (einstimmig)

E Wir bedenken, was Johannes schreibt,
noch einmal mit unseren eigenen Worten:

Im Anfang schuf Gottes Wort
Himmel und Erde.
Gott sprach: Es werde Licht!
Und es ward Licht.
Gottes Geist wurde sichtbar
an Himmel und Erde.
Gottes Geist wurde fassbar
in der Welt und ihrer Ordnung.
Gottes Geist nahm Gestalt an,
und die Welt wurde schön.

Am Anfang war schaffende Kraft.
Am Anfang war gestaltender Wille,
am Anfang war klarer,
lichtvoller Geist,
und es wurde eine Welt
voll schaffender Kräfte,
voll gestaltender Energien,
voll klarer, sinnvoller Ordnungen.

Aber das Wort
war nicht nur am Anfang.
Es ist noch immer die schaffende Kraft,
das heimliche Wesen der Dinge.

Im Wort, das du sprichst, Gott,
ist das Leben,
und das Leben ist das Licht,
in dem wir stehen.
Er, Christus, ist das Licht,
das uns allen leuchtet.

KANON „Gott, du Geheimnis der Schöpfung" (vierstimmig)

Text: Jörg Zink, Musik: Hans-Jürgen Hufeisen

E Im Anfang unseres eigenen Lebens
war das Wort,
schaffender Geist aus Gott.

Auch wir selbst kommen
aus seiner schaffenden Kraft,
aus seiner gestaltenden Kunst.

Alle Dinge sind durch ihn vollendet;
was jemals war, geht ein in das Wort.
In ihm ist die lebendige Kraft,
und das Leben ist das Licht aller Wesen.

Der Christus aber, der in die Welt kam,
führt sie zum Ziel.
Am Ende ist das Wort,
und alle Dinge sind vollendet in ihm.

LIED „Heilig bist du, Ursprung der Welt" (dreimal singen)

STILLE, Klang oder Geste

GEBET

E Du Bild des Menschen, Jesus Christus,
du Licht der Welt.
Du bist der Weg, den wir heute gehen.
Du bist die Wahrheit, die uns leitet,
du bist das Leben, das wir finden.

Schöpferischer Geist, Weisheit aus Gott,
gib uns Klarheit der Gedanken,
ein empfindliches Gewissen,
das heilende Wort und das sorgsame Tun.

Du barmherziger Gott,
wir bitten dich für alle, denen wir heute begegnen,
für alle, die in uns dich suchen,
für alle, die heute um uns sind.

A Vater unser im Himmel! …

Text: Jörg Zink, Musik: Hans-Jürgen Hufeisen

WORT VON GOTT AUS JESAJA 42–53

E Fürchte dich nicht.
Ich befreie dich.
Ich rufe dich bei deinem Namen,
du bist mein.

Wenn du durch Wasser gehst,
bin ich bei dir,
inmitten von Strömen
halte ich dich fest.

Wenn du durch Feuer gehst,
wirst du nicht brennen,
und die Flamme
wird dich nicht versengen.

Ich bin der Herr, dein Gott;
ich mache das Meer still,
wenn seine Wellen brausen,
und schütze dich.

Ich zeige dir einen Weg
auf dem Grunde des Meeres:
den Weg der Befreiten,
die erlöst sind von Angst.

Freude gebe ich dir
im Aufbruch,
auf dem Weg aber
Geleit im Frieden.

LIED „So komm und segne diesen Tag"

Text: Jörg Zink, Musik: Johann Sebastian Bach (1685–1750)

SEGEN

A Du Quelle des Segens, segne uns.
Du Quelle der Kraft, stärke uns.
Du Quelle der Liebe, wecke uns,
dass wir wach durch diesen Tag gehen.

E So spricht der dreieinige Gott euch zu:
Ihr seid gesegnet.
Ich gebe euch Kraft.
Ich erwecke euch zur Liebe.
Geht nun und tut,
was die Liebe euch heißt.
Ich werde bei euch sein
diesen ganzen Tag.

A Amen. (gesungen)

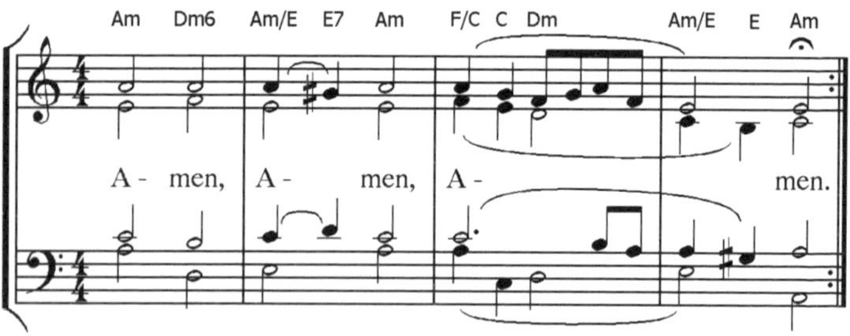

Textgestaltung und Musik: Hans-Jürgen Hufeisen

2. Was je in mir geschieht in Furcht und Hoffen, / vor deinen Augen liegt es alles offen. / Was sich auch regt in Lieben oder Sorgen, / ich bin geborgen.

3. Will ich entrinnen dir auf tausend Wegen, / so kommst du mir bei jedem Schritt entgegen. / Schwing ich hinauf mich, wo die Sterne gehen, / ich bin gesehen.

4. Nehme ich Flügel wie die Morgenröte, / so bin ich doch, wohin der Wind mich wehte, / und sei es an der Meere fernsten Stränden, / in deinen Händen.

5. Will ich im Tod mich deiner Hand entwinden, / so werd ich dort in dir mich wieder finden, / du wirst mich, stürz ich auch in Angst und Bangen, / mit Lieb umfangen.

6. Und machst du einst ein Ende meinen Wegen, / so will ich mich in deine Arme legen. / Dann werde ich, nichts wird den Frieden stören, / dir ganz gehören.

Text: Jörg Zink nach Psalm 139, Musik: Hans-Jürgen Hufeisen

Bei dir bin ich geborgen

VORSPRUCH AUS JEREMIA 17

E Gesegnet ist der Mensch,
der sich auf Gott verlässt.
Er ist wie ein Baum, am Wasser gepflanzt,
der seine Wurzeln zum Bach hinstreckt.
Er fürchtet sich nicht in der Hitze,
und seine Blätter bleiben grün.
Er sorgt sich nicht im dürren Jahr,
sondern bringt Früchte zu jeder Zeit.

LIED „Wenn die Sonne steigt"

PSALM 23

E Gott ist mein Hirte,
mir wird nichts mangeln.
Er weidet mich auf einer grünen Aue
und führt mich zum frischen Wasser.

A Er erquickt meine Seele.
Mein Weg ist ohne Gefahr,
denn er selbst ist es,
der mich leitet.

E Und wanderte ich im finstern Tal,
so fürchte ich kein Unglück,
denn du bist bei mir.
Du gibst mir Frieden.

A Du deckst meinen Tisch
in deinem Haus,
in das kein Feind mir folgt,
keine Schuld und kein Fluch.

2. Wenn ich frühe deine Schönheit preise, / schaue ich dein Bild in allen Dingen. / Wenn ich abends träume, hör ich leise / all die vielen Stimmen von dir singen. REFRAIN

3. Wenn ich durch die Stunden meiner Tage / deinen Willen suche zu erfüllen, / wenn ich müde werde, wenn ich klage, / wirst du mich in deinen Frieden hüllen. REFRAIN

Text: Jörg Zink, Musik: Hans-Jürgen Hufeisen

E Du machst meine Seele rein
und schmückst mich festlich.
Der Becher, den ich trinke,
fließt über von erfrischendem Trank.

A Mit Güte und Freundlichkeit
umgibt mich Gott, solange ich lebe,
und ich habe Wohnrecht in seinem Haus
jetzt und in Ewigkeit.

LIED „Du Glanz des Tages, Halleluja" (einstimmig)

E Ich spreche Psalm 23 noch einmal
mit anderen Worten:

Bei Gott bin ich geborgen –
wozu sorge ich mich?

Er gibt mir Nahrung für Geist und Herz,
wenn sonst niemand meinen Hunger stillt,
wenn mir zwischen den Fingern zerrinnt,
womit Menschen mich abspeisen.

Er gibt das Wasser, das den Durst stillt,
den Durst nach dem wirklichen Leben.
Wohin er mich führt,
er gibt mir Lebensfülle und Kraft.

Er gibt mir sicheren Schritt,
er zeigt mir meinen Weg,
und der Weg wird mich zum Leben führen,
so gewiss es Gott ist, der mich führt.

Und wenn die Lichter verlöschen,
wenn es dunkel wird,
wenn ich einsam bin oder krank,
wenn ich den Tod fürchte,

wenn ich schuldig bin vor dir, Gott,
und deine Hand nicht finde,
fürchte ich doch nicht, dich zu verlieren,
denn du bist bei mir.

Text: Jörg Zink, Musik: Hans-Jürgen Hufeisen

Dein großes Zeichen, dein Kreuz,
tröstet mich, das Zeichen,
dass du bei mir bleibst
und ich trotz aller Not dein bin.

Du bereitest mir den Tisch.
Du sagst: Nimm hin und iss!
Du reichst mir den Becher und sagst:
Nimm hin und trink!

Ich bin ein Gast in deinem Haus,
mehr noch: dein Freund und dein Kind.
Die Tür ist offen, solange ich lebe,
und sterbend finde ich dein Haus bereit.

Glück gibst du und Frieden.
Was soll ich dir geben?
Nicht anders kann ich dir danken,
als dass ich nehme, was du gibst.

Jetzt und in Ewigkeit.

LIED „Du Glanz des Tages, Halleluja…" (S. 29, vierstimmig)

GEBET NACH ROMANO GUARDINI

E Immerfort empfange ich mich
aus deiner Hand.
Immerfort blickt mich
voll Liebe dein Auge an,
und ich lebe aus deinem Blick,
du, mein Schöpfer und mein Heil.

Lehre mich,
in der Stille deiner Gegenwart
das Geheimnis zu verstehen,
dass ich bin.
Und dass ich bin durch dich
und von dir und für dich.

STILLE, Klang oder Geste

E Ich sehe dich vor mir, Christus,
Bruder, Meister, Zeichen von Gott.
Du sprichst von mir und sagst:
Du wirst selig sein!
Glücklich wirst du sein, begnadet.
Dein Leben wird seinen Sinn finden.

Selig sind, die arm sind vor Gott
und alles von ihm erwarten.
Ihnen öffnet sich Gottes Güte.
Selig sind die Armen,
denn in ihnen wirkt seine Liebe.

KANON „Gott, du Geheimnis der Weisheit“ (einstimmig)

Text: Jörg Zink, Musik: Hans-Jürgen Hufeisen

E Selig sind, die Leid tragen,
denn sie sollen getröstet werden.
Selig, die ihr Leid hilflos erleiden,
und selig, die es tragen
mit der Kraft deiner Liebe.
Selig sind sie, denn du leidest in ihnen.
Gib uns im Leid deine Liebe,
so sind wir dein.

Selig, die geduldig sind und freundlich,
denn sie werden die Erde besitzen.
Selig, die hoffen können, bis Frucht wächst,
die deiner schaffenden Kraft vertrauen
und keiner Gewalt bedürfen.

Selig sind, die hungert und dürstet
nach deiner Gerechtigkeit,
denn sie sollen satt werden.
Sie werden denen Gerechtigkeit schaffen,
die das Brot suchen und die Freiheit.

𝄞 KANON „Gott, du Geheimnis der Weisheit…"
(S. 31, vierstimmig)

E Selig sind die Barmherzigen,
denn sie werden Barmherzigkeit erlangen.
Glücklich, die die Wehrlosen schützen,
die ein Ohr haben für die Verzweiflung,
ein Auge für die wortlose Klage,
eine Hand für die hilflose Schwäche.
Mach uns barmherzig,
denn nichts sind wir
ohne deine Barmherzigkeit.

Selig sind, die Frieden schaffen,
denn sie sind Söhne und Töchter Gottes.
Selig, die ihre Vorurteile aufgeben
und nicht danach fragen, ob sie im Recht sind.
Selig die Schutzlosen, deren Hände schützen.
Sie spiegeln dich auf dieser Erde.

𝄞 KANON „Du bist des Tages Licht allein"

Text: Jörg Zink, Musik: Hans-Jürgen Hufeisen

GEBET

E In dir sein, unser Gott, das ist alles.
Das ist das Ganze, das Vollkommene, das Heilende.
Wir brauchen nicht zu reden, damit du uns hörst.
Wir brauchen nicht aufzuzählen, was uns fehlt.
Wir brauchen dich nicht zu erinnern
oder dir zu sagen, was in dieser Welt geschieht
und wozu wir deine Hilfe brauchen.
In dir sein, Gott, das ist alles,
was wir uns erbitten.
Damit haben wir alles erbeten,
was wir brauchen für Zeit und Ewigkeit.

A Ewiger, heiliger, geheimnisreicher Gott;
wir kommen zu dir.
Wir möchten dich hören, dir antworten.
Vertrauen möchten wir dir und dich lieben,
dich und alle deine Geschöpfe.
Sei bei uns, damit wir bei dir sind,
Tag um Tag.
Dir wollen wir gehören,
dir wollen wir danken,
dich wollen wir rühmen.

A Vater unser im Himmel! ...

LIED „Wir bitten Gott um seinen Segen“

SEGEN

E Gott gehe dir voraus, Schwester und Bruder,
und zeige dir den rechten Weg.

Gott sei nahe bei dir
und lege seinen Arm um dich.

Gott sei hinter dir,
dich gegen alle dunkle Macht zu bewahren.

Er sei unter dir,
dich aufzufangen, wenn du fällst.

Er sei neben dir,
dich zu trösten, wenn du traurig bist.

Gott sei in dir,
dich zu heilen.

Er sei um dich her,
dich zu schützen in der Angst.

Er sei über dir
wie die Sonne am Himmel
und stärke dich mit seiner Kraft.

Amen.
So will es Gott,
der von Ewigkeit zu Ewigkeit bleibt.
So steht es fest nach seinem Willen
für dich.

2. Der Schöpfer aller Welt verleihe, / dass uns sein Schaffen ganz durchdringt, / dass gute Frucht an uns gedeihe / und unser Werk durch ihn gelingt.

3. Mit seinem Quell mög er uns tränken, / aus dem sein Geist wie Wasser quillt, / uns mit der Liebe Kraft beschenken – / so sind wir wieder Gottes Bild.

Text: Jörg Zink, Musik: Hans-Jürgen Hufeisen

Wenn der Tag an sein Ziel kommt

VORSPRUCH

E Unser Abendgebet steige auf zu dir, Gott,
und es senke sich auf uns herab dein Erbarmen.
Dein ist der Tag und dein ist die Nacht,
lass, wenn des Tages Licht verlischt,
das Licht deiner Wahrheit uns leuchten.
Geleite uns zur Ruhe der Nacht
und dereinst zur ewigen Vollendung
in deiner Barmherzigkeit.

LIED „Wenn der Tag vergeht"

PSALM 63

E Mein Gott, dich suche ich.
Meine Seele verlangt nach dir.
Ich dürste nach dir
wie trockenes Land nach dem Regen dürstet.
Ich schaue nach dir,
deine Nähe zu erfahren.
Denn deine Güte allein
gibt meinem Leben Sinn.

A So will ich dich rühmen mein Leben lang
und meine Hände ausstrecken
nach dir, der so nahe ist,
und dich mit ganzem Herzen preisen.
Das ist meines Herzens Freude und Wonne,
dich mit fröhlichem Munde zu rühmen.
Wenn ich mich zu Bette lege,
so denke ich an dich.
Wenn ich wach liege,
sinne ich deinem Geheimnis nach.

2. Was der Tag erzählt, lass ich dem Winde. / Dir vertrau ich an, was er gebracht. / Bleibe mir nah, mein Gott, dass ich dich finde. / Birg die Erde in dir, Hüter der Nacht.

Text: Jörg Zink, Musik: Hans-Jürgen Hufeisen

E Denn du bist mein Helfer,
in deinem Schutz bin ich glücklich.
Meine Seele hängt an dir,
und deine Hand ist mein Halt.

LIED „Du Stern des Abends" (einstimmig)

GEBET

E Der Tag ist vergangen.
Was wir zu tun hatten, ist getan.

Du bist nahe.
Nimm alle Hast von uns.
Die Unruhe unserer Gedanken
und das Hin und Her in unseren Herzen.
Wir möchten dir stillhalten,
der so nahe ist.

Unter deinem Schutz
haben wir diesen Tag vollendet.
Wir danken dir für alles,
was du hast gelingen lassen.
Segne, was gewesen ist.

Der Tag ist vergangen.
Lass ihn vergangen sein,
und lass uns bleiben in dir.

LIED „Du Stern des Abends" (vierstimmig)

E In deine Hände befehlen wir unseren Geist.
Du hast uns erlöst, du treuer Gott.
Wir preisen dich,
der war, der ist und der kommt.
In deine Hände befehlen wir unseren Geist,
jetzt und in Ewigkeit.

LIED „Bleibe bei uns, es will Abend werden" (S. 41)

Text: Jörg Zink, Musik: Hans-Jürgen Hufeisen

PSALM 139

E Gott, du erforschest mich und kennst mich.
Ich sitze oder stehe auf, so weißt du es,
du verstehst meine Gedanken von ferne.

A Ich gehe oder liege, so bist du um mich
und siehst alle meine Wege.
Ja, es ist kein Wort auf meiner Zunge,
das du, Gott, nicht wüsstest.

E Von allen Seiten umgibst du mich
und hältst deine Hand über mir.
Das ist zu wunderbar, zu unbegreiflich,
zu hoch für meine Gedanken.

A Wohin soll ich gehen vor deinem Geist?
Wohin fliehen vor deinem Angesicht?
Steige ich zum Himmel, so bist du da,
verberge ich mich im Tode,
so bist du auch dort.

E Nehme ich die Flügel der Morgenröte
und bleibe am äußersten Meer,
so wird deine Hand mich finden
und deine Rechte mich fassen.

A Spreche ich: Dunkel möge mich decken
und Nacht statt Licht um mich sein,
so ist auch Finsternis nicht finster für dich,
und die Nacht leuchtet wie der Tag.

KANON „Gott, du Geheimnis der Nähe“ (einstimmig)

E Gott, deine Gedanken sind so schwer und groß,
wie gewaltig ist ihre Zahl.
Wollte ich sie zählen, so wäre es,
als zählte ich die Sandkörner am Meer.

A Und schlief ich darüber ein,
so zählte ich weiter im Traum
und merkte erwachend, dass ich weiter zählte
und an kein Ziel kam.

2. Bleibe bei uns, wenn der Tag sich endet. / Bleibe bei uns, wenn der Tod uns findt. / Wenn die Welt sich ins Verderben wendet, / gib, dass wir in dir geborgen sind.

3. Bleibe bei uns, dass die Nacht uns hüte, / bis das Herz in dir den Morgen fand, / dass wir in dir sind, in deiner Güte / und in Ewigkeit in deiner Hand.

Text: Jörg Zink, Musik: Hans-Jürgen Hufeisen nach einem ostpreußischen Volkslied

Text: Jörg Zink, Musik: Hans-Jürgen Hufeisen

E Erforsche mich, Gott, und erkenne mein Herz,
auch, was mir selbst in mir verborgen ist,
damit ich nicht, ohne es zu wissen,
auf dem Weg des Unheils bin.

A Leite mich, dass ich mein Ziel finde,
jetzt und in Ewigkeit.

KANON „Gott, du Geheimnis der Nähe" (S. 41, vierstimmig)

E Wir hören Psalm 139 noch einmal
mit anderen Worten:

Mein Gott, du siehst in mein Herz.
Du kennst mich.
Wie schön, dass du mir nahe bist
und ich geborgen bin bei dir.

Du siehst meine Sorge und Angst.
Du siehst alle meine Fluchtwege,
du hörst alle meine Ausflüchte,
mit denen ich verbergen will, was ist.

Du siehst mich, wenn ich träume
von großen Dingen, die ich tun will,
und wenn ich versage dort,
wo ich das Notwendige tun soll.

Keinen Schritt kann ich tun,
den du nicht begleitest.
Kein Wort kann ich reden,
das du nicht hörst, ehe es laut wird.

Wie in zwei großen Händen
hältst du mich.
Ich bin darin geborgen
wie ein Vogel im Nest.

Und manchmal fürchte ich,
ich sei dein Gefangener
wie ein Vogel im Käfig.

Manchmal, o Gott, ist mir bange
vor deiner Hand, die mich hält;
ich möchte ihr gerne entrinnen
und frei sein.

Ich wünsche mir,
ans Ende der Erde zu fliegen
oder in die Weite des Raums,
und bleibe doch in deinen großen Händen.

Ich zweifle, dass mein Leben Sinn hat,
und möchte es von mir werfen:
Aber auch bei den Toten bist du,
und wieder bin ich in deiner Hand.

Ich fürchte das Licht
und verberge, was ich tat.
Aber das Dunkel ist Licht für dich
und die Nacht hell wie der Tag.

Mein Gott, du siehst in mein Herz.
Du kennst mich.
Wie gut, dass du mir nah bist
und ich geborgen bin bei dir.

STILLE, Klang oder Geste

LIED „Heilig bist du“ (dreimal singen)

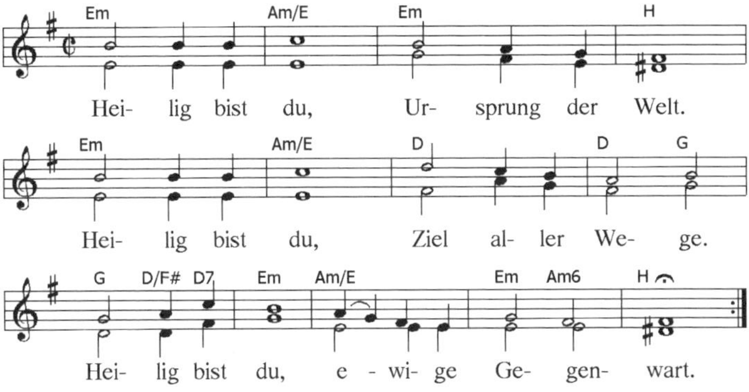

Text: Jörg Zink, Musik: Hans-Jürgen Hufeisen

GEBET

E Du Gott der Güte, ich denke vor dir
an all die Menschen,
für die nun die Nacht kommt.

Ich bitte dich um Kraft
für alle, die jetzt unterwegs sind
oder ihre Arbeit tun.

Ich bitte dich um deine Nähe
für die Kranken, die Schwermütigen,
die Verlassenen, die Gefangenen.

Du wachst mit den Wachenden.
Du bist der Schlaf der Schlafenden,
und die Sterbenden leben in dir.

LIED „Dir, Gott des Friedens, zugewandt"
oder **RUF** „Bleibe bei uns, denn es will Abend werden"

E Bleibe bei uns, Gott,
denn es will Abend werden,
und der Tag hat sich geneigt.

Bleibe bei uns und bei allen Menschen.
Bleibe bei uns am Abend des Tages,
am Abend des Lebens, am Abend der Welt.

Bleibe bei uns mit deiner Gnade und Güte,
mit deinem Wort und Sakrament,
mit deinem Trost und Segen.

Bleibe bei uns, wenn über uns kommt
die Nacht der Trauer und der Angst,
die Nacht des Zweifels und der Ratlosigkeit,
die Nacht des Todes.

Bleibe bei uns und bei allen deinen Kindern
in Zeit und Ewigkeit.

A Vater unser im Himmel! …

LIED „Der Tag ist am Ziel" (Seite 47)

2. Wir stehn vor deinem Angesicht. / Wir gehen leise Schritte. / Und wenn wir kreisen um dein Licht, / wie Monde tun, / sei du selbst unsre Mitte.

Text: Jörg Zink, Musik: Hans-Jürgen Hufeisen

Text: Lukas 24,29, Musik: Hans-Jürgen Hufeisen

SEGEN

A Du Ursprung des Friedens, segne uns.
Du Ursprung der Kraft, segne uns.
Du Ursprung der Liebe, segne uns.

E Gott,
der Ursprung
und Vollender aller Dinge,

segne dich,
gebe dir Glück und Gedeihen
und Frucht deiner Mühe,

und behüte dich,
sei dir Schutz in Gefahr
und Zuflucht in Angst.

Er lasse leuchten sein Angesicht über dir,
wie die Sonne die Erde wärmt
und Freude gibt dem Lebendigen,

und sei dir gnädig.
Er löse dich von allem Bösen
und mache dich frei.

Er sehe dich freundlich an,
er sehe dein Leid,
er heile und tröste dich.

Er gebe dir Frieden,
das Wohl des Leibes
und das Heil der Seele.

Amen.
Gott will es.
Gott selbst.

So steht es fest
nach seinem Willen
für dich.

2. Die Liebe sieht weit. / Herzen leben, / Herzen vergeben / im Fluss der Zeit. / REFRAIN

3. Die Hoffnung hat Raum. / Sorgen fassen, / Sorgen entlassen, / traue dem Traum. / REFRAIN

4. Ein Stern zieht vorbei. / Menschen wachen, / Menschen erwachen, / das Land wird frei. / REFRAIN

5. Der Morgen wird wahr. / Worte segnen, / Worte begegnen, / Zukunft ist da. / REFRAIN

Text und Musik: Hans-Jürgen Hufeisen

** Dazu lässt sich der Chorsatz „Aus der Ruhe der Nacht" (S. 48) singen.*

Texteinrichtung und Musik: Hans-Jürgen Hufeisen

siehe auch S. 47 „Der Tag ist am Ziel"

2. Wir fürchten das Verderben. / Am Himmel glüht ein Brand. / Wenn Menschenreiche sterben, / wenn Menschenwerk in Scherben / fällt, lass uns deine Hand.

3. Dein ist der Gang der Zeiten. / Dein ist die Mitternacht. / Durch alle Bangigkeiten / wollst du hindurchgeleiten, / bis wir zum Tag erwacht.

Text: Jörg Zink, Musik: Hans-Jürgen Hufeisen

Dein ist der Tag, und dein ist die Nacht

VORSPRUCH AUS PSALM 92

E Schön und köstlich ist's, Gott danken,
dir lobsingen, du Höchster,
des Morgens deine Gnade
und des Nachts deine Wahrheit verkündigen
auf dem Psalter von zehn Saiten,
mit Spielen auf der Harfe.
Denn du machst mich fröhlich
durch dein Walten,
und ich rühme die Taten deiner Hände.

LIED „Wenn die goldne Sonne steigt"

PSALM 148

E Preiset Gott,
ihr Sterne oben am Himmel,
Orion und großer Wagen,
Wega und Sirius,
ihr Nebel ferne im All.

Preiset Gott,
ihr Planeten und Monde,
Uranus und Jupiter,
du Sonne, du Erde,
du blaues Juwel.

Preiset Gott,
ihr Meere, ihr Ozeane,
ihr Kontinente und ihr Inseln,
ihr Wälder und Wüsten
und alles, was wächst und gedeiht.

2. Atme ich die Winde ein, / atme aus, / wirst du um mich, in mir sein, / in mir sein, in mir sein, / auch die Lüfte sind dein Haus.

3. Hebe ich den Becher Wein, / tief und klar, / werde ich im dunklen Schein, / dunklen Schein, dunklen Schein, / dein geheimes Bild gewahr.

4. Wenn ein Wort von dir erklang, / fremd und leis, / wirst du, Stimme, mein Gesang, / mein Gesang, mein Gesang, / dir zur Antwort, dir zum Preis.

5. Wenn das Dunkel um mich fällt, / weich und sacht, / träumst du in mir, Haupt der Welt, / Haupt der Welt, Haupt der Welt, / deine Bilder durch die Nacht.

Text: Jörg Zink, Musik: Hans-Jürgen Hufeisen

Preiset Gott,
ihr Walfische und ihr Seemöwen,
ihr Löwen, ihr Haustiere
und was sich bewegt auf der Erde.

Preiset Gott,
ihr Elemente und ihr Moleküle,
ihr Kräfte, Stoffe und Gesetze,
ihr Zeugen seiner Schöpferkraft.

Preiset mit mir Gott, ihr Menschen,
ihr Schwarzen und Gelben,
ihr Weißen und Braunen,
allüberall in der Welt.

LIED „Du Licht der Sterne"

GEBET

E Wunderbarer Gott, du Schöpfer der Welt.
Du wohnst im Licht.
Dich rühmt der Erdkreis,
dich preisen die Menschen.
Was sind wir vor dir, dass du an uns denkst?

Alles, was ist, hast du geschaffen.
Alles, was ist, erzählt von deinen Gedanken.
Alles, was ist, rühmt deine Weisheit.
In allem, was ist, erfüllt sich dein Plan,
auch in mir.

In allem, was ist, schaue ich
das Zeichen deiner Herrlichkeit.
Du bist der Bogen über mir.
Du bist die Erde unter mir.
Du bist die Höhe und die Tiefe.
Ich bin in dir. Ich preise dich, schaffender Gott.

LIED „Du naher Gott, du Licht und Macht"

STILLE, Klang oder Geste

Text: Jörg Zink, Musik: Hans-Jürgen Hufeisen

2. Geheimnis, leiser Hauch und Wind, / du Lebensgeist, den wir nicht fassen, / durchwehe uns wie Atem lind, / sanft aufgenommen, sanft entlassen.

3. Zum Tag gehn wir aus dir hervor, / im Mittag gilt dein Werk und Wille, / am Abend gehn wir durch dein Tor, / zu ruhn des Nachts in deiner Stille.

Text: Jörg Zink, Musik: Hans-Jürgen Hufeisen

E Im Anfang schuf Gott Himmel und Erde.
Und Gott sprach:
Es werde Licht. Und es ward Licht.
Am ersten Tag begann die Welt
in einem Blitz aus Feuer und Energie.
Gott sprach sein Wort,
und es entstanden
Kräfte, Gesetze und Stoffe,
das Leben und der Geist.

LIED „Und es ward Abend und Morgen"

Gott schuf die Erde.
Er führte sie in das große Abenteuer
der Evolution,
und sein Geist war das Geheimnis
eines Werdens von Milliarden Jahren.

LIED „Und es ward Abend und Morgen"

Und Gott sprach:
Es soll ein Oben und ein Unten werden,
Tag und Nacht, Meer und Land.
Vergangenheit und Zukunft, Raum und Zeit.

LIED „Und es ward Abend und Morgen"

Gott sprach,
und es entstanden
lebendige Zellen, die sich vermehren,
aus ihnen Kräuter und Bäume, ein Garten
voller Entstehen und Blühen und Vergehen.

LIED „Und es ward Abend und Morgen"

Text: Jörg Zink, Musik: Hans-Jürgen Hufeisen

Gott sprach:
Wimmelt im Wasser!
Durchfliegt die Luft,
lauft auf die Erde, ihr Tiere,
und füllt den Garten mit lebendiger Kraft.

LIED „Und es ward Abend und Morgen"

Gott sprach:
Richtet euch auf, ihr Menschen
zum aufrechten Gang, seid frei,
und die Menschen fingen an,
zu denken, zu gestalten, zu planen.

LIED „Und es ward Abend und Morgen"

Gott schuf mich.
Er gab mir Auge, Ohr und Stimme.
Er gab meiner Seele die Sprache
und meinem Geist die Freiheit,
damit ich Antwort gebe dem Wort, das mich schuf.

LIED „Heilig bist du" (S. 21, dreimal singen)

Am siebten Tag ruhte Gott.
Denn Gott ist nicht nur der unendlich Wirkende.
Er war. Er ist. Er wird sein. Auch ohne sein Werk.
Und er segnete die Ruhe
und gab unserem Herzen den Frieden.
In seiner Ruhe aber wird eines fernen Tages
die Schöpfung ihr Ziel erreichen.
Sie wird aufhören zu sein und in ihn zurückkehren
mit den Stimmen der Dankbarkeit.

STILLE, Klang oder Geste

LIED „Der Abend kommt"
oder „Aus der Ruhe der Nacht" (S. 48)

2. Die Nacht ist bang. Gib uns, dass Frieden werde. / Sieh diese arme, leidzerrissne Erde! / Du Gott des Friedens, ende allen Streit. / Mach uns zu Friedensboten dieser Zeit.

3. Es kommt dein Morgen. Bleib mit deiner Güte / bei allen Menschen. Schütze und behüte, / was du erschaffen, bis dein Tag anbricht / und wir dich schaun, dich und dein helles Licht.

Text: Jörg Zink, Musik: Hans-Jürgen Hufeisen

GEBET

E Gott,
du allein weißt, was dieser Tag wert war.
Ich habe vieles getan und vieles versäumt.
Ich habe vieles versucht und vieles nicht vollendet.
Ich habe aus Unglauben gehandelt und entschieden
und bin den Menschen viel Liebe schuldig geblieben.

Ich möchte allen vergeben,
die mir Unrecht getan haben.
Ich möchte von allem Hass, allem Neid
und aller Verachtung frei sein.
Vergib du auch mir alle meine Schuld.
Ob dieser Tag Frucht gebracht hat, weiß ich nicht.
Du allein siehst es.
Du allein kannst meine Mühe segnen.

Gott, ich kann dir nichts geben
zum Dank für diesen Tag,
als dass ich den kommenden aus deiner Hand nehme.
Gib mir einen neuen Tag und verlass mich nicht.

Ich danke dir in dieser Abendstunde,
dass du mich heute behütet hast.
Behüte alle, denen ich heute begegnet bin,
gib das Licht deiner Liebe allen, die ich liebhabe,
und allen, deren Last ich tragen soll.

„Ich gehe zum Vater", hast du zu den Deinen gesagt.
Ich bitte dich, dass ich dir folgen darf.
Dein bin ich im Licht des Tages
und im Dunkel der Nacht,
bis du mich heimrufst in deinen Frieden.

A Vater unser im Himmel! ...

LIED „Dein, Gott, ist diese große Welt"

Text: Jörg Zink, Musik: Hans-Jürgen Hufeisen

WORTE AUS OFFENBARUNG 21

E Ich schaute, schreibt Johannes,
der Seher von Patmos:

Ich schaute einen neuen Himmel
und eine neue Erde.

Der vorige Himmel und die vorige Erde
waren vergangen, Erde und Meer.

Ich sah, wie die Stadt des Friedens,
das neue Jerusalem, sich herabsenkte,

wie der Friede sich ausbreitete
in unserer Welt.

Schön war die Erde wie eine Braut,
die ihrem Mann entgegengeht.

Von Gott her hörte ich
eine mächtige Stimme:

Sieh her! Hier wohne ich, Gott,
bei den Menschen.

Ich werde bei ihnen bleiben,
und sie werden mir nahe sein.

Ich werde alle Tränen abwischen
von ihren Augen.

Kein Tod wird mehr sein,
kein Leid, kein Geschrei, kein Schmerz.

Denn was war,
ist vergangen.

Schaut auf!, spricht Gott:
Ich mache alles neu.

KANON „Gott segne uns und behüte uns"

Text: Jörg Zink, Musik: Hans-Jürgen Hufeisen

SEGEN AUS PHILIPPER 4

E Freut euch in Gott allezeit,
und noch einmal sage ich euch:
Freut euch!

Lasst eure Güte ausstrahlen
zu allen Menschen,
Christus ist nahe.

Sorgt nichts,
bittet Gott um alles,
was euch fehlt, und dankt ihm.

Und der Friede Gottes,
der höher ist als alle Vernunft,
bewahre eure Herzen und Sinne
in Christus Jesus.
Amen.

Komm nun in uns zur Welt

VORSPRUCH AUS JESAJA 9 UND 10

E Wir warten und hoffen
im Namen des Christus,
der in diese Welt kam, Frieden zu bringen,
den Frieden, der aus Gott ist.
Der Prophet Jesaja schreibt:

Das Volk, das im Finstern wandert,
sieht ein großes Licht,
über dem dunklen Land der Angst
scheint es hell.
Denn uns wird ein Kind geboren,
ein Sohn wird uns gegeben.
Er wird sein Reich aufrichten,
und des Friedens wird kein Ende sein.
Darum mache dich auf,
werde Licht, denn dein Licht kommt.
Der Lichtglanz kommenden Friedens
geht über dir auf.
Denn Finsternis bedeckt das Erdreich
und Dunkel die Völker.
Aber über dir ist Licht,
das Licht dessen, der kommt.

LIED „Wir warten, Kind, der Stunde"
oder: „O Heiland, reiß die Himmel auf"

KLAGELIED AUS JESAJA 63 UND 64

E Komm wieder zu uns, Gott!
Schaue vom Himmel,
sieh herab
von deiner heiligen herrlichen Wohnung!

2. Wir rufen dich, wir bangen, / von Müh und Ängsten blind. / Dich hat die Nacht empfangen, / Nacht empfangen, / sei du, sei du in uns das Kind.

3. Wir haben dich verloren. / Wir stehn auf dunklem Feld. / Der du im Stall geboren, / du geboren, / komm nun, komm nun in uns zur Welt.

Text: Jörg Zink, Musik: Hans-Jürgen Hufeisen

Wir Menschen wissen nichts
von deiner Macht,
und sehnen uns doch
nach deiner Liebe und Barmherzigkeit.
Du, Gott, bist unser Vater.
Von der Urzeit her warst du der Erlöser
für die, die dich suchten.
Komm wieder zu deinen Kindern
und besuche dein Volk, das dir gehört!
Fast sieht es so aus,
als hättest du niemals über uns geherrscht,
als hätten wir deinen Namen nie getragen.

Seit alten Zeiten bist du denen begegnet,
die auf deinem Weg nach dir suchten.
Ja, du bist uns ferne gerückt,
als wir ohne dich lebten.
Und nun sind wir unrein,
unsere Frömmigkeit ist wie ein
verschmutztes Kleid.
Wir sind verwelkt wie Blätter,
und unsere Sünden wirbeln uns dahin
wie der Wind.
Jeder lebt, als gäbe es dich nicht.
Jedem ist sein einsamer Weg genug.
Denn du bist uns fern,
und wir sehen dich nicht.
Du lässt uns allein mit unserem Unrecht,
und das Unrecht drückt uns zu Boden.
Aber das ist doch wahr, Gott:
Du bist unser Vater.
Wir sind Ton, du bist Töpfer.
Wir alle sind deiner Hände Werk.

KANON „Gott, du Geheimnis der Liebe"
(zuerst einstimmig, dann im Kanon)

Text: Jörg Zink, Musik: Hans-Jürgen Hufeisen

LESUNG AUS MICHA 4 UND 5

E Am Ende der Tage wird es geschehen:
Gott wird Gerechtigkeit schaffen
zwischen den Völkern.
Er wird Recht aufrichten,
wo die Mächtigen herrschen.

A Sie werden ihre Schwerter
umschmieden zu Pflugscharen
und ihre Lanzen
zu Winzermessern.
Kein Volk wird wider das andere
das Schwert erheben.
Niemand wird mehr lernen,
wie man Krieg führt.
Jeder wird ruhen
unter seinem Weinstock,
unbedroht von Gewalt.
Gottes Mund hat es geredet.
Und du, Bethlehem,
du bist klein unter den Städten Judas.
Aber aus dir soll der kommen,

der den Weg zum Frieden zeigt,
den uralten Weg, den Gott ebnete
seit den Tagen der Urzeit.

LIED „Magnificat" (mehrmals singen) oder
„Macht hoch die Tür, die Tor macht weit" (Str. 1–3)

GEBET

E Wir wissen nicht, du Kind, du Meister,
warum wir leben und wofür.
Wir suchen Auswege aus dem Leid
und Elend dieser Erde.
Wir suchen nach einer Hoffnung.
Wir suchen nach einer Kraft,
die unser Herz wandelt,
und nach neuen Gedanken, die retten können.

Wir stehen vor dir, dein Geheimnis anzubeten,
dir die Tore zu öffnen zu unserem Herzen.
Du kamst zu uns in jenem Kind,
das in Bethlehem in unsere Welt kam.

Komm nun zu uns, die wir vor dir stehen.
Durchdringe uns, erfülle uns, tröste uns.
Nichts ist wichtig in dieser Stunde,
als dass du da bist und wir dich erkennen.
Wir danken dir, dass du kommst.

LIED „Magnificat" oder
„Macht hoch die Tür, die Tor macht weit" (Str. 4 und 5)

LESUNG AUS JESAJA 40 UND 54

E Wendet euren Blick nach oben, die ihr Gott sucht,
und tut eure Augen auf!
Wer hat all das geschaffen?
Er führt das Heer der Sterne über den Himmel
und ruft sie alle mit Namen.
Nicht einer von uns geht ihm verloren.

Übersetzung: Meine Seele erhebt den Herrn.
Text: Lukas 1,46 (Lobgesang der Maria), Musik: Hans-Jürgen Hufeisen

Warum sagt denn nun ihr Menschen:
Gott sieht nicht, wohin mein Weg geht?
Gott weiß nichts von meinem Elend?
Wisst ihr nicht? Habt ihr nicht gehört?
Der ewige Gott
hat auch die fernsten Flecken der Erde geschaffen.
Er wird nicht müde noch matt.

Er gibt dem Müden Kraft,
und dem Ohmächtigen verleiht er Stärke.
Junge Männer werden müde und matt.
Die Krieger straucheln und fallen.
Aber die ihre Hände nach ihm ausstrecken,
empfangen immer neue Kraft,
dass ihnen Schwingen wachsen wie dem Adler,
dass sie laufen und nicht ermatten,
dass sie wandern und nicht müde werden.

Gott ruft euch zu,
wie einer eine verlassene, betrübte Frau ruft,
die er geliebt hat
und die er nicht allein lassen will.
Denn so spricht er:
Berge werden hinsinken, Hügel werden schwinden.
Aber meine Freundlichkeit soll bei euch bleiben,
und meine Freude soll beständig sein
und euch halten und umfassen.
Barmherzig will ich sein, spricht Gott.

LIED „Du Trost der Armen, Halleluja"

LESUNG AUS JESAJA 42

E Ich werde meinen Boten zu euch senden,
den ich liebe, spricht Gott.
Ich habe ihm von meinem Geist gegeben.
Er soll die Wahrheit unter die Völker hinaustragen,
damit Gerechtigkeit auf der Erde geschieht.
Er wird das geknickte Rohr nicht zerbrechen
und den glimmenden Docht nicht auslöschen.

Text: Jörg Zink, Musik: Hans-Jürgen Hufeisen

E So spricht Gott: Du bist mein Bote.
Ich habe dich unter die Menschen gesandt,
dass du sie zu mir bringst
und meine Barmherzigkeit zu ihnen.
Ich habe dich zu einem Licht gemacht
für die Völkerwelt.
Du wirst den Blinden die Augen öffnen,
die Gefangenen aus dem Gefängnis führen
und aus dem Kerker alle,
die in der Finsternis sind.

STILLE, Klang oder Geste

LIED „Heilig bist du" (dreimal singen)

GEBET

E Du bist bei uns, Gott, du Ewiger,
der du vor aller Zeit bist und nach aller Zeit.
Du bist uns erschienen in der Mitte der Nacht.
Du zeigst uns, was der Sinn dieses Lebens sei.
Du eröffnest uns deinen Willen
und unseren Auftrag.
Du deutest uns deine Gedanken
in dem Weg, der mit diesem Kind beginnt.
Kehre nun ein in unsere Herzen,
durchdringe uns.
Dringe aus uns hervor,
mach uns zu Boten deines Lichts
und deines Friedens.
Dass wir unseren Weg finden zu allen,
die deines Lichts und deines Friedens bedürfen.
Mach uns zu lebendigen Zeichen
deiner Gegenwart,
wo immer die Gewalt regiert,
die Angst und das Leid.
Dein sind wir im Dunkel dieser Welt
und in Ewigkeit.

Text: Jörg Zink, Musik: Hans-Jürgen Hufeisen

A Gott, du Verborgener,
wir preisen dich um deiner Nähe willen,
um des Lichtes willen, das die Nacht erhellt.
Wir preisen dich um des Geheimnisses willen,
das du in diese Welt eingesenkt hast.
Wir preisen dich, dass wir dich schauen
im Angesicht unseres Bruders Jesus Christus.
Wir preisen dich,
der Frieden gibt allen, die den Frieden suchen.
Du selbst bist der Friede.
Kehre ein in unsere Herzen
in der Stille dieser Stunde.

A Vater unser im Himmel! …

LIED „Ein Kind kommt zur Erde"
oder „Die Nacht ist vorgedrungen"

2. Den Armen der Erde erscheint ein Stern. / Der Schwermut leuchtet ein Licht von fern. / Die Einsamen finden Krippe und Kind, / durch Dunkelheit geht, wer das Heil gewinnt. / REFRAIN

3. Du Bote des Himmels, du Trost im Leid, / du Bruder in unserer Einsamkeit. / Du wehrloses Kind, das Höllen bezwingt, / gib du uns die Kraft, die aus Gott entspringt. / REFRAIN

Text: Jörg Zink, Musik: Hans-Jürgen Hufeisen

SEGEN

E Im Namen des Friedens, der aus Gott ist,
sollen gesegnet sein
die Völker aller Rassen,
die Menschen aller Länder.

Es sollen gesegnet sein
Himmel und Erde,
Wolf und Lamm, Falke und Taube.

Es sollen gesegnet sein
Freund und Feind,
damit sie Brüder werden
und Schwestern.

Es sollen gesegnet sein
Schwarze und Weiße,
Menschen aus West und Ost,
Völker in Nord und Süd,
damit sie Frieden schließen
und Freundschaft, ein für allemal.

Gott segne euch,
und ihr sollt ein Segen sein
für die bedrohte Welt
und die Menschen dieser Erde.

Der Friede Gottes sei mit euch
und mit allen Menschen.
Amen.

nach Lied: O komm, o komm

Alternativ zum vorangehenden Segen:

E Geht euren inneren Weg
durch die Tage des Advents.
Bewahrt euch, wenn es möglich ist, Zeit,
in der der Atem ruhig geht,
in der nicht gehetzt und gerannt wird.
Es soll ja etwas in euch selbst geschehen.
Richtet eure Gedanken und Erwartungen auf das,
was sich lohnt.
Einen gesegneten Advent wünsche ich euch.

Gott segne und behüte euch auf eueren Wegen.
Er lasse sein Licht leuchten über euch
und erwärme euch.
Er gebe sein Licht in eure Herzen
und in eure Familien
und schenke euch Frieden und Zuversicht.
Amen.

2. Steh in der Erde wie ein Baum. / Sei klar wie Wasser einer Quelle, / lebendig wie der Wind im Raum. / Die Liebe Gottes sei wie Licht / um dich und wie des Himmels Helle. / Geh deinen Weg mit Zuversicht.

3. Sein Friede sei dir wie ein Stern. / Die Kraft zur Güte nie versiege, / und sei dir Streit und Hassen fern. / Mögst du an Leib und Seel gedeihn / und wie in weicher, sichrer Wiege / in Gottes Hand geborgen sein.

Text: Jörg Zink, Musik: Hans-Jürgen Hufeisen

Nichts ist so stark wie die Liebe

VORSPRUCH AUS LUKAS 9

E Als sie die Straße gingen,
die von Galiläa nach Jerusalem führt,
– Jesus und seine Freunde –
nahm der die Zwölf beiseite und sprach:
„Seht, wir gehen nach Jerusalem.
Dort wird der Sohn des Menschen
den Priestern und Schriftgelehrten
übergeben werden.
Sie werden ihn anspeien, geißeln und töten.
Nach drei Tagen aber wird er auferstehen.

Wer zu mir gehören will
und mir folgen auf meinem Weg,
der denke nicht an sich selbst
und sehe von seinem eigenen Leben ab.
Er nehme das Kreuz auf sich,
das ihm bestimmt ist,
und folge mir.
Wer sein Leben retten will, wird es verlieren.
Wer aber sein Leben verliert auf meinem Weg,
wird es finden."

LIED „Ums Haus geht schon der Abendwind"
oder „Gott, du, dein Mantels Saum" (S. 89)

KLAGE

E Du Mann der Schmerzen,
der du gestorben bist
an der Starre der Herzen,
an der Gewalttat und am Unrecht,
am Streit zwischen den Menschen

2. Um manches Fenster weht es kalt, / und viele sind verlassen. / Die wirst du freundlich, wirst du bald / in deine Arme fassen.

3. Ja, Mensch und Tier und Blum und Baum / wirst du mit Trost erfüllen, / in guten Schlaf, in sanften Traum / wie einen Mantel hüllen.

4. Du gehst wie Windhauch durch die Nacht / und hüllst uns in ein Schweigen. / Du hast die Nacht uns zugedacht, / uns unsern Weg zu zeigen.

5. Du gehst wie fremd durch diese Zeit, / da uns die Ängste treiben. / Gib uns den Mut, mach uns bereit, / auf deinem Weg zu bleiben.

Text: Jörg Zink, Musik: Volkslied „Ich hab die Nacht geträumet"

und an ihrem Unverstand,
wir klagen dir unser Elend.

Wir klagen dir die Schicksale der Menschen,
die von Kriegen betroffen sind,
die fliehen und ihre Heimat verlassen,
das Leid der Hungernden und der Kranken,
der Kinder in den Elendsgebieten der Erde,
der Gefolterten, der Verschleppten,
der Gemordeten.

KANON „Kyrie… Höre unsre Klage" (einstimmig)
oder **LIED** „Mein Gott, ich klage dir" (einstimmig)

E Wir klagen dir den Unverstand der Mächtigen,
die immerzu rüsten und dabei vom Frieden reden,
die ihre Überschüsse an Getreide vernichten
im Angesicht der Hungernden.
Die von Menschenrechten reden
und ihre Interessen meinen.

Wir klagen dir den Zustand unserer Erde,
das Leid der Tiere und Pflanzen.
Sie leiden und sterben
an der Ichsucht der Menschen.
Wir klagen dir die Zerstörung der Luft,
des Wassers und der Erde.
Wir klagen dir unsere Gleichgültigkeit,
unsere Blindheit gegenüber der Qual der Geschöpfe,
unsere Ohnmacht, etwas zu ändern.
Wir klagen dir auch,
dass wir die Gewalttäter und Ausbeuter hassen,
uns aber nur wenig von ihnen unterscheiden.

LIED „Kyrie… Höre unsre Klage" (vierstimmig)
oder **LIED** „Mein Gott, ich klage dir" (vierstimmig)

E Wir klagen dir den Zustand deiner Kirche,
in der man so viel von dir redet,
in der aber so wenig zu erkennen ist
von deinem Geist

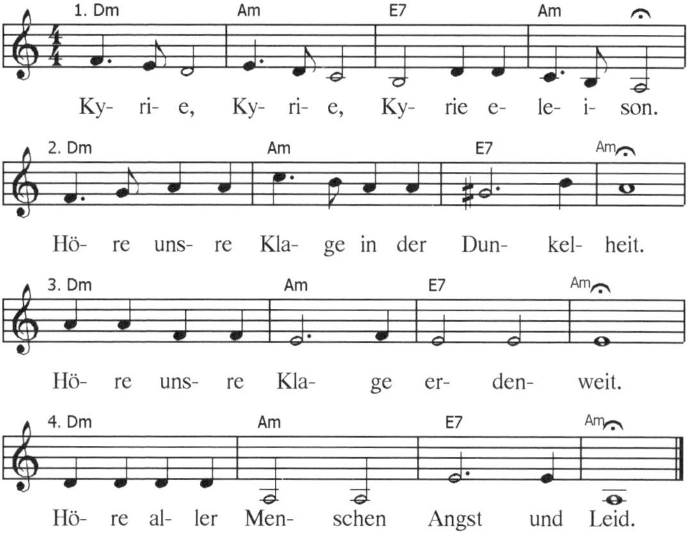

Text: Jörg Zink, Musik: Hans-Jürgen Hufeisen

Text: Jörg Zink, Musik: Hans-Jürgen Hufeisen

und so wenig von Hoffnung überspringt
zu den Leidenden dieser Erde.
Wir klagen dir: Steh uns bei.

LIED „Du Trost der Verlorenen"

GEBET

E Mein Gott, ich klage dir meinen Zustand.
Ich rede von dir
und fühle mich dennoch verlassen.
Ich möchte dir vertrauen
und ängste mich dennoch.
Ich rede zu dir
und weiß doch nicht, ob du mich hörst.
Ich möchte deinen Willen erfüllen
und weiß doch nicht, was ich tun soll.
Ich weiß, dass du mich führst,
und sehe dennoch keinen Weg.
Ich weiß, dass mein Geschick von dir kommt,
und kann es nicht annehmen.
Ich weiß, dass du mir Licht zugedacht hast,
und versinke in meinen dunklen Gedanken.
Ich weiß, dass du mir Freiheit bestimmt hast,
und fühle mich dennoch wie gefangen.
Ich weiß, dass dein Zeitplan anders ist
als der meine,
und habe dennoch keine Geduld.

Es ist leer in mir. Ich wiederhole die Worte,
die ich früher einmal verstanden hatte.
Ich weiß, dass du mich nicht verlassen wirst.
Nein, mein Gott, ich weiß es nicht. Ich glaube es.
Ich möchte es glauben. Hilf mir.
Amen.

LIED „Wenn ein Gott ist" (S. 83)

Text: Jörg Zink, Musik: Hans-Jürgen Hufeisen

DAS HOHELIED DER LIEBE AUS 1 KORINTHER 13

E Wenn wir dich, den Leidenden sehen,
wissen wir, was Liebe ist.
Ich preise also die Liebe:

Spräche ich in allen Sprachen der Menschen,
sänge ich mit den Stimmen der Engel
und liebte nicht,
ich wäre nichts als eine tönende Glocke
oder eine klingende Schelle.
Wüsste ich Gottes Gedanken,
schaute ich alle Geheimnisse,
hätte ich alle Einsicht,
versetzte ich Berge
in der Kraft meines Glaubens
und liebte nicht,
so wäre ich nichts.
Gäbe ich all meine Habe den Armen,
gäbe ich für Christus mein Leben hin
und liebte nicht,
es wäre vertan.

Die Liebe ist geduldig und freundlich,
sie kennt keine Eifersucht,
sie stellt sich nicht zur Schau.
Sie verletzt nicht. Sie greift nicht an.
Sie sucht keinen Gewinn.
Sie wird nicht bitter
durch bittere Erfahrung,
sie rechnet das Böse nicht zu.
Sie trauert über das Unrecht.
Sie ist glücklich über die Wahrheit.
Die Liebe trägt alles.
Sie glaubt alles.
Sie hofft alles.
Sie beugt sich der Last
und bleibt geduldig gebeugt.

Unvergänglich ist die Liebe.
Unser Wissen um Gott wird verwehen.

2. Fremd ist der mir, der ich bin. / Niemand kann ein Ziel mir zeigen. / Nichts dringt her aus meinem Schweigen. / Unbegreiflich bleibt der Sinn./ Warum so viel Not und Leid? / Wozu so viel Streit und Hassen? / Warum hast du uns verlassen / hier in Angst und Dunkelheit?

3. Bruder Christus, abgrundtief / hast du für die Welt gelitten, / einsam in der Hölle Mitten, / bis dich Gott ins Leben rief. / Du bist Gottes Angesicht. / Nur um deiner Liebe willen / will ich meine Klagen stillen, / Bruder Christus, Trost und Licht!

Text: Jörg Zink, Musik: Hans-Jürgen Hufeisen

Was wir reden, wird verhallen,
was wir forschen und denken, zu Ende gehen.
Stückwerk ist, was wir wissen,
Stückwerk, was wir erkennen.
Wenn wir die Fülle schauen werden,
wird das Stückwerk enden.
Heute ahne ich die Wahrheit
wie mein eigenes Gesicht im kupfernen Spiegel,
fremd, verschattet und rätselvoll.
Morgen schaue ich, nahe und klar,
sein Angesicht.
Stückwerk ist was ich verstehe.
Dann aber werde ich schauen,
wie Gott mich heute erkennt.

A Nun aber bleiben:
Glaube, Hoffnung, Liebe,
diese drei.
Aber die größte unter ihnen
ist die Liebe.

LIED „Nichts ist so stark wie die Liebe"

STILLE, Klang oder Geste

GEBET

E Jesus, Bruder und Begleiter,
wir sehen dich aus der Ferne
und über den unendlichen Abstand der Zeit.
Wir hören dich.
Wir suchen dich zu verstehen,
zu begreifen, wer du bist.
Lass uns mit dir gehen.

Du bist anders als andere Menschen.
Stärker und schwächer,
erhabener und geringer.
Du verkündest die Ehre Gottes

2. Feuer aus Gottes Flamme, / glühendes Licht, glühendes Licht. / Wasserströme und Meere / löschen die Liebe nicht.

3. Sanft wie ein Hauch ist ihr Wesen, / zart wie ein Duft, zart wie ein Duft, / geht wie der Nachtwind leise / oder wie Morgenluft.

4. Halt meine Liebe am Herzen, / die ich dir bring, die ich dir bring. / Nimm sie und trag sie am Finger / wie einen Siegelring.

5. Feuer aus Gott ist die Liebe, / heiliger Wein, heiliger Wein. / Gott hat ihn mir übergeben / einzig für dich allein.

Text: Jörg Zink nach Hoheslied 8, 6–7, Musik: Hans-Jürgen Hufeisen

auch als Hochzeitslied geeignet

und begleitest die Verachteten
unter den Menschen.
Du bringst die Kraft Gottes
und bist schwach mit den Schwachen.
Du schaffst Freiheit
und lässt dich binden für die Gebundenen.
Du stehst an Gottes Stelle
und vertrittst doch die Schuldigen.
Du scheidest zwischen Wahrheit und Lüge
und nimmst die Gescheiterten in Schutz
vor dem Recht der Rechtschaffenen.
Du brauchst keine Gewalt
und weichst dem Opfer nicht aus.

Meister des Lebens,
an dir sehen wir, was es heißt,
Mensch zu sein.
Durch dein Antlitz hindurch
schauen wir das Antlitz Gottes.
Wo du bist, verwandelt sich die Welt.

A Vater unser im Himmel! …

LIED „Wenn ich einmal soll scheiden"

BEKENNTNIS AUS RÖMER 8

E Ist Gott für uns,
wer will wider uns sein?
Wer will uns anklagen?
Gott selbst spricht uns gerecht.
Wer will uns verurteilen?
Christus tritt für uns ein.
Wer will uns scheiden
von der Liebe Gottes?
Bedrängnis oder Angst?
Verfolgung oder Hunger?
Nacktheit oder Gefahr
oder das Schwert des Henkers?

2. Wenn diese Erd zugrunde / geht in den Untergang, / wenn ihre Sterbestunde / sich hindehnt lang und bang, / wenn Glaub und Lieb ermatten, / wenn aller Hoffnung Licht / stürzt in des Todes Schatten, / dann, Gott, verlass uns nicht.

3. Dann zeige uns aufs neue / voll Licht und unverletzt / das Zeichen deiner Treue, / groß ins Gewölk gesetzt. / Zeig, wie dein Regenbogen / die Schrecken überspannt, / voll Farben hingezogen, / gemalt von deiner Hand.

4. Kein Ängsten und kein Leiden / hat dann in uns die Macht, / kein Trennen und kein Scheiden / und keine Mitternacht. / Lass deinen Morgen tauen, / dass, wenn der Nebel reißt, / wir dich in Wahrheit schauen, / erfüllt von deinem Geist.

Text: Paul Gerhardt 1656 (Str. 1) und Jörg Zink (Str. 2-4),
Musik: Hans Leo Hassler 1601

Nein, ich bin gewiss,
dass weder Tod noch Leben,
weder Mächte des Abgrunds
noch Zufall noch Schicksal,
weder das Unheil von heute
noch die Gefahr von morgen,
weder die Herren der Erde
noch die Gewalten in den Sternen,
noch irgendeine Macht,
die doch geschaffen ist von Gott,
uns scheiden kann von der Liebe Gottes,
die uns in Christus begegnet.

SEGEN

E Der Friede Gottes,
der all unser Verstehen übersteigt,
sei ein Schutzwall und eine Wacht
um eure Herzen und Gedanken,
dass nichts euch trennen möge
von Jesus Christus.
Er umgebe euch auf seinem,
auf eurem Weg.
Amen.

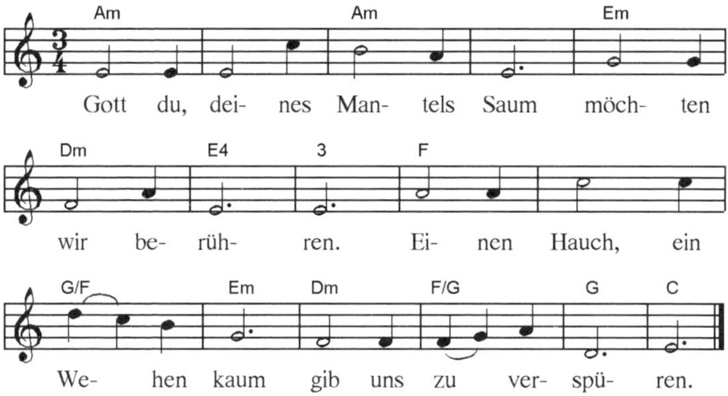

2. Lass, du Dunkler, der so fern, / Licht ins Dunkel scheinen, / dass sich wie in einem Stern / Erd und Himmel einen.

3. Sprich, du Naher, unserm Leid / nur ein Wort zu, leise, / heilend, das in Angst und Not / uns den Frieden weise.

4. Eins in dir sind Zeit und Raum, / eins sind Not und Fülle. / Gott, in deines Mantels Saum / unsre Armut hülle.

Text: Jörg Zink, Musik: Hans-Jürgen Hufeisen

auch als Abendlied geeignet

Die Mitte der Nacht ist der Anfang des Tages

Wir versammeln uns möglichst kurz vor Sonnenaufgang auf dem Friedhof oder in einer Kirche. Nach einer Zeit des Schweigens spielt eine Flöte oder Geige eine leise, einfache Melodie. Wir versuchen mitzusummen.

KLAGE AUS PSALM 102 UND JONA 2

E Mein Gott, hör mein Gebet!
Nimm mein Schreien auf,
höre, was ich klage!

Denn wie ein Rauch im Wind
verwehen meine Tage,
versengt wie Gras ist mein Herz.

Ich bin einer Eule gleich in der Wüste,
einem Käuzchen in den Trümmern.

Ich wache und klage
wie ein einsamer Vogel auf dem Dach.

Meine Kraft zerbricht mitten auf dem Weg,
meine Tage enden plötzlich.

Nimm mich, o Gott, nicht von der Erde
in der Mitte meiner Tage,
du, dessen Jahre Ewigkeiten währen.

Du hast vor Zeiten die Erde gegründet,
die Himmel sind deiner Hände Werk.

Sie werden vergehen, du aber bleibst,
sie werden veralten wie ein Gewand.

Wie ein Kleid wirst du sie wechseln,
sie gehen dahin, du aber bleibst.

So nimm mein Schreien auf
und höre mich, ewiger Gott.

STILLE, Flöte oder Geige

E Ich rufe zu dir, Gott, in meiner Angst,
und du erhörst mich.

Ich schreie aus dem Rachen der Hölle,
und du hörst meine Stimme.

Du warfst mich in die Tiefe des Meers,
die Fluten erfassten mich.

Alle deine Wellen und Wogen
gingen über mich hin.

Ich dachte: Jetzt bin ich vertrieben,
verstoßen aus deiner Nähe.

Wie sollte ich wieder aufschauen
zu deinem heiligen Tempel?

Nun gehen mir die Wasser
bis an die Kehle.

Die Flut umgibt mich,
Schilf schlingt sich mir ums Haupt.

Zu der Berge Gründen sank ich hinab,
der Abgrund schloss mich ein.

Aber du, Gott, kannst mein Leben retten
aus dem Verderben.

Meine Seele verzagt in mir,
und ich denke an dich, mein Gott.

Ich weiß, mein Gebet dringt zu dir,
und einmal werde ich dir danken.

Ja, das werde ich,
denn das ist gewiss: Du hilfst mir.

STILLE, Flöte oder Geige

LESUNG AUS GENESIS 1 UND JOHANNES 1

E Im Anfang schuf Gott Himmel und Erde.
Die Erde aber war wüst und leer,
Finsternis lag über dem Urmeer,
und der Geist Gottes schwebte über dem Wasser.
Und Gott sprach: Es werde Licht.
Und es ward Licht.
Und Gott sah, dass das Licht gut war.
Da schied Gott das Licht von der Finsternis
und nannte das Licht Tag, die Finsternis Nacht.
So ward Abend, so ward Morgen:
der erste Tag.

Kerzen werden entzündet.

LIED „Du Schöpfer des Lebens, Halleluja"

Text: Jörg Zink, Musik: Hans-Jürgen Hufeisen

E Im Anfang war das Wort.
Das Wort war bei Gott, und Gott war das Wort.
Was jemals entstand,
wurde durch das Wort, das Gott sprach.
Was jemals entstand,
wurde durch seine lebendige Kraft.
Sein Leben war das Licht,
das uns Menschen leuchtet.
Das Licht scheint in der Finsternis,
und die Finsternis konnte es nicht löschen.
Und das Wort wurde ein Mensch
und wohnte unter uns.
Wir sahen seine Herrlichkeit,
die der Sohn hat vom Vater,
voller Gnade und Wahrheit.
Und aus seiner Fülle haben wir alle empfangen
Gnade um Gnade.

KANON „Die Mitte der Nacht" (1. Teil: „Die Mitte der Nacht … Anfang der Kraft")

LESUNG AUS MARKUS 16

E Als der Sabbat vorüber war,
kauften Maria Magdalena,
Maria, die Frau des Jakobus, und Salome Salben,
um den Leib Jesu zu balsamieren.
In der Morgenfrühe des ersten Tages der Woche
kamen sie zum Grab, als eben die Sonne aufging,
und fragten sich bange:
Wer wird uns den Stein vom Eingang
des Grabes wegwälzen?

Da blickten sie auf und sahen,
dass der riesige, runde Stein weggewälzt war.
Sie gingen in das Grab
und sahen dort die Gestalt eines jungen Mannes
an der rechten Seite sitzen,
gehüllt in ein weißes Gewand,
und erschraken bis ins Herz.

Text: Jörg Zink, Musik: Hans-Jürgen Hufeisen

KANON „Die Mitte der Nacht“ (2. Teil: „Drei Frauen … Christus, das Licht“)

Sie hörten ihn aber sagen:
Habt keine Angst!
Ihr sucht Jesus von Nazareth, den Gekreuzigten?
Er ist auferstanden, er ist nicht hier!
Seht her:
Das ist der Platz, an den man ihn gelegt hatte!
Geht zurück und sagt seinen Jüngern und Petrus,
dass er euch voraus nach Galiläa gehen wird.
Dort werdet ihr ihn sehen,
wie er es euch gesagt hat.

Da stürzten die Frauen aus dem Grab und flohen,
denn Angst und Grauen hatte sie erfasst.
Sie sagten aber niemandem etwas,
denn sie fürchteten sich.

KANON „Die Mitte der Nacht“ (Teil 1–3)

GEBET

E Wir preisen dich, lebendiger Gott.
Du schaffst Licht aus der Dunkelheit.
Schaffe du Licht in unseren Herzen,
dass wir leben in dir.

Wir preisen dich, Christus.
Du hast dem Tode die Macht genommen
und Leben und unvergängliche Freude
ans Licht gebracht.
Wir freuen uns in deiner Kraft und danken dir.
Licht aus ewigem Licht,
Sonne dieser Welt und der Welt, die kommt.

LIED „Gelobt sei Gott im höchsten Thron“

E Du bist auferstanden, Bruder Christus.
Du, das Licht, siegst über alle Finsternis.
Du, die Wahrheit, endest allen Wahn.
Du, die Liebe, befreist von aller Furcht.

2. Des Morgens früh am dritten Tag, / da noch der Stein am Grabe lag, / erstand er frei ohn alle Klag. / Halleluja, Halleluja, Halleluja.

3. Der Engel sprach: „Nun fürcht‘ euch nicht, / denn ich weiß wohl, was euch gebricht: / ihr sucht Jesus: den findt ihr nicht./ Halleluja, Halleluja, Halleluja.

4. Er ist erstanden von dem Tod,/ hat überwunden alle Not. / Kommt, seht, wo er gelegen hat.“ / Halleluja, Halleluja, Halleluja.

5. Nun bitten wir dich, Jesu Christ, / weil du vom Tod erstanden bist: / Verleihe, was uns selig ist. / Halleluja, Halleluja, Halleluja.

6. O mache unser Herz bereit, / damit von Sünden wir befreit / dir mögen singen allezeit. / Halleluja, Halleluja, Halleluja.

Text: Michael Weiße 1531, Musik: Melchior Vlupius 1609

Es gab im Mittelalter und in der Barockzeit das „Osterlachen“ über die Besiegten, den Tod und die Hölle. Dieses geschieht im Lied „Gelobt sei Gott im höchsten Thron“ in dem absteigenden Halleluja. Wir singen also „Halleluja-ha-ha“.

Der Stein ist abgewälzt.
In Angst und Schwermut leuchtet dein Licht auf.
Fesseln der Seele fallen.

Das Werk des Todes, von Menschen getan, endet.
Pilatus und der Hohe Rat urteilten vergeblich.
Leben, das nicht getötet werden kann,
setzt sich durch.

Die Frauen am Grab erschrecken,
die ohnmächtigen.
Sie waren zum Zuschauen verdammt.
Sie erkennen, wie mächtig die Liebe ist,
und fassen Mut.

Wir empfangen dein Leben.
Wir wollen unser Leben austeilen
für das Leben der Menschen.

Dein sind wir im Licht deines Tages
und im Dunkel unsrer Nächte.
Behüte unsern Ausgang und Eingang
jetzt und in Ewigkeit.

LIED „Wir stehen im Morgen"

LESUNG AUS 1 KORINTHER

E Aber wie soll ich mir das vorstellen,
dieses Auferstehen?, fragt Paulus.
Und er schreibt in seinem ersten Brief
an die Korinther:

Christus ist auferstanden vom Tode,
ihm nach werden wir auferstehen.
Das bezeugen wir.
Das ist die Wahrheit.
Christus ist auferstanden,
mit ihm werden wir leben.
Er wird sein Reich aufrichten
und dem Tod ein Ende setzen.

2. Ein Tanz, der um Erde und Sonne kreist, / der Reigen des Christus, voll Kraft und Geist, / der Tanz, der uns alle dem Tod entreißt.
REFRAIN

3. An Ostern, o Tod, war das Weltgericht. / Wir lachen dir frei in dein Angstgesicht. / Wir lachen dich an, du bedrohst uns nicht.
REFRAIN

4. Wir folgen dem Christus, der mit uns zieht, / stehn auf, wo der Tod und sein Werk geschieht, / im Aufstand erklingt unser Osterlied. / REFRAIN

5. Am Ende durchziehn wir, von Angst befreit, / die düstere Pforte, zum Tanz bereit. / Du selbst gibst uns, Christus, das Festgeleit.
REFRAIN

Text: Jörg Zink, Musik: Hans-Jürgen Hufeisen

Am Ende wird er das Reich
seinem Vater übergeben,
so dass Gott alles in allem sein wird.

Wie aber soll das geschehen?
Wie werden die Toten auferstehen?
In welcherlei Leib werden sie erscheinen?
Ich denke diesem Geheimnis nach.

Nicht, was ich säe, wird zur Frucht.
Es muss erst sterben.
Was ich säe, ist nicht, was ich ernte.
Gott erweckt dem Korn eine neue Gestalt.
Unendlich reich ist die Fülle
der Erscheinungen in dieser Welt.
Menschen haben einen anderen Leib
als die Tiere.
Vögel einen anderen als die Fische.
Die Engel erscheinen anders als die Menschen.
Der Glanz der Sonne
ist nicht der Glanz des Mondes,
und kein Stern leuchtet
mit dem gleichen Licht wie der andere.

So ahne ich die Auferstehung der Toten:
Was in die Erde fällt, ist verweslich,
was aufersteht, ist unverweslich.
Niedriges wird gesät,
Herrliches wird auferstehen.
Armselig wird es gesät,
in Kraft wird es leben.
Ein natürlicher Leib wird zu Erde,
ein geistlicher Leib wird sich erheben.
Wir tragen hier das Bild
des irdischen Menschen
und werden dann das Bild
des himmlischen tragen.
Denn das Vergangene
muss dem Künftigen weichen.
Wenn aber das geschieht,
dann wird das Wort erfüllt:

Der Tod ist verschlungen vom Sieg.
Tod, wo ist deine Peitsche?
Tod, wo ist dein Sieg?

Gott aber sei Dank,
der uns den Sieg gibt
durch Jesus Christus,
unseren Herrn!

LIED „Christ ist erstanden", davor und /oder danach zum Lied **OSTERRUF** „Gloria"

1. Christ ist erstanden / von der Marter alle. / Des solln wir alle froh sein; / Christ will unser Trost sein. / Kyrieleis.
2. Wär er nicht erstanden, / so wär die Welt vergangen. | Seit dass er erstanden ist, / so freut sich alles, was da ist. / Kyrieleis.
3. Halleluja / Halleluja, Halleluja. / Des solln wir alle froh sein; / Christ will unser Trost sein. / Kyrieleis.

Text: Bayern / Österreich 12.-15. Jh.

Musik: Hans-Jürgen Hufeisen

GEBET

E Lebendiger Christus,
du warst gefangen und bist frei.
Nun schaffst du mich neu zu einem freien Menschen.
Ich bin nicht mehr, was ich war.
Ich bin nicht mehr, was ich selbst weiß,
sondern was du aus mir gemacht hast.
Du forderst keine Leistung.
Du verurteilst mich nicht wegen meines Versagens.
Ich bin dein.

Ich war gefangen und bin frei.
Ich bin auf deinen Namen getauft.
Ich bin und bleibe dein Erwählter,
neu geschaffen durch deinen Geist,
den schöpferischen.
Ich frage nicht mehr,
ob ich es verdiene, zu leben,
denn ich lebe durch dich.
Ich danke dir, Christus,
jetzt und in Ewigkeit.

A Vater uns im Himmel! …

LIED „Nun gebe Gott uns seinen Segen"
oder „Wir wollen alle fröhlich sein"

SEGEN

E Der Friede Gottes sei allezeit mit uns
und mit allen Menschen.
Er sende uns in die Welt,
erleuchtet durch seine Wahrheit,
getragen durch seine Barmherzigkeit,
gebunden in seinen Willen,
geweiht durch seine Liebe.
Er mache unser Herz weit und unsere Augen hell.
Er gebe uns seinen Geist, den lebendigen.
Das Leben, das aus Christus ist, sei allezeit mit uns
und mit allen Menschen. Amen.

2. Der Christus, der vom Tod erstanden, / mach uns von allen Ängsten frei, / von Tod und Hölle, die uns banden, / dass Licht und Klarheit um uns sei.

3. Sein Geist, den wir den Tröster nennen, / der treue Beistand in der Nacht, / der mache unsre Herzen brennen, / von seiner Liebe angefacht.

Text: Jörg Zink, Musik: Hans-Jürgen Hufeisen

Geist aus Gott, des Lebens Grund

VORSPRUCH AUS JESAJA 44 UND EZECHIEL 11

E Ich gieße Wasser auf durstiges Land.
Ich lasse Bäche in der Wüste fließen.
Ich gieße meinen Geist aus auf euch Menschen
und meinen Segen auf eure Nachkommen.
Sie sollen wachsen wie Gras zwischen Wassern,
wie Weiden an den Bächen.
Ein neues Herz will ich ihnen geben
und einen neuen Geist.

KANON „Geist aus Gott, des Lebens Grund"

SALOMOS GEBET AUS BUCH DER WEISHEIT 9

E Gott meiner Väter und Herr aller Güte,
der du alle Dinge gemacht hast,
indem du ihren Namen nanntest,
du hast auch den Menschen
gebildet in deiner Weisheit,
dass er deine Geschöpfe behüte,
die Welt verwalte
in Heiligkeit und Gerechtigkeit
und sie mit wissendem Herzen bewahre.

Gib mir die Weisheit,
die allein bei dir ist.
Schließe mich nicht aus
aus dem Kreise deiner Kinder.

Denn ich bin ein schwacher Mensch
und kurzen Lebens.
Ich weiß nicht genug über meinen Weg

2. Wort aus Gott, das zu uns spricht, / löse uns aus unserm Schweigen, / dass wir offen dich bezeugen. / Sprich zu uns: Es werde Licht. / Halleluja …

3. Du, der Liebe Flügelschlag, / gib uns Hoffnung, gib Vertrauen, / eine neue Welt zu schauen, / wenn du sprichst: Es werde Tag. / Halleluja …

Text: Jörg Zink, Musik: Hans-Jürgen Hufeisen

Dazu lässt sich spielen: Kanon von Johann Pachelbel und Kanon „Halleluja. Die Töne aller Menschen" (s. S. 107, Tonart dann anpassen).

und über das rechte Tun.
Und wer je unter den Menschenkindern
vollkommen wäre, er wäre nichts,
fehlte ihm die Weisheit,
die aus dir entspringt.

Du hast mich in dieses Leben gestellt
und hast mir Aufträge gegeben.
Du hast mir Menschen anvertraut,
deine Söhne, deine Töchter.
So gib mir Weisheit.
Sie war am Werk, als du die Welt schufst.
Sie weiß, was dir gefällt
und deinem Willen gemäß ist.

KANON „Halleluja … Die Töne aller Menschen"

E Sende Weisheit herab aus dem Himmel
vom Thron deiner Herrlichkeit,
dass sie bei mir sei und mich wecke
und schaffend wirke in meinem Tun.
Denn sie weiß und versteht alles.
Sie wird mich leiten mit Verstand
und in ihrem Licht mich bewahren.

Denn welcher Mensch weiß,
was du planst?
Wer kann in seinen Gedanken fassen,
was du willst?
Die Gedanken sterblicher Menschen
sind ungewiss,
unsere Pläne sind gefährlich.

Der schwache Leib ermüdet die Seele,
und die irdische Hütte
beschwert den zerstreuten Sinn.
Wir verstehen kaum, was auf Erden ist,
und nur schwer, was in den Händen ist.
Wer will das Himmlische erforschen?

Text und Musik: Hans-Jürgen Hufeisen

Siehe auch Kanon S. 105 „Geist aus Gott, des Lebens Grund".

Wie soll einer deine Weisung erfahren,
wenn du nicht Weisheit gibst
und deinen heiligen Geist
aus der Höhe sendest?
Durch ihn werden unsere Pfade richtig,
wir Menschen erkennen, was dir gefällt,
und werden durch Weisheit gerettet.

LIED „Du Geist der Weisheit, Halleluja" (einstimmig)

GEBET

E Geist aus Gott,
du bist wie ein Sturm
über die Menschen gekommen,
damals in Jerusalem.
Komme über uns,
dass wir erwachen,
dass wir ändern auf unserer Erde,
was nicht bleiben kann, wie es ist.

Geist aus Gott,
du bist wie ein Feuer
in den Menschen erwacht, damals.
Entzünde uns von innen,
dass ein Feuer in uns aufbricht,
das Feuer aus dir.

LIED „Du Geist der Weisheit" (zweistimmig)

Geist aus Gott,
wie die Taube schwebtest du über Christus,
als er im Jordan stand.
Belebe uns, gib uns Phantasie,
gib uns Intuition und Traum
und zeige uns, was sein könnte
und was sein kann auf dieser Erde.

Text: Jörg Zink, Musik: Hans-Jürgen Hufeisen

Geist aus Gott,
der du diese Welt weise gestaltet hast,
die größten Dinge und die kleinsten
nach Maß und Gesetz,
kläre unsere Gedanken,
mach unser Wort wirksam
und unsere Tat zu einem Zeichen
deines Wirkens.

LIED „Du Geist der Weisheit" (S. 109, vierstimmig)

E Alles spiegelt sich in dir.
Was in dieser Welt wahr ist,
ist es, weil du die Wahrheit bist.
Was in dieser Welt Leben hat,
lebt, weil du das Leben bist.
Was in dieser Welt schön ist,
ist es durch dich, ewige Schönheit.
Wenn wir glücklich sind,
dann sind wir es, weil du uns bejahst.

Wir bitten dich, komm,
damit wir in dir leben
und nicht nur in uns selbst.
Auf dieser Erde warten wir auf dich.

LIED „Geist aus Gott, wir bitten dich"

LESUNG AUS JOHANNES 3

E Jesus sprach zu Nikodemus,
der ihn in der Nacht besuchte:
Achte wohl darauf, was ich dir sage!
Wenn jemand nicht von oben her
neu geboren wird,
kann er das Reich Gottes nicht sehen.

2. Der du Sturm genannt und Wind, / komm, dass wir dir gleichgesinnt / und des Sturmes Kinder sind.

3. Der du Brand und Feuer heißt, / uns aus unsern Träumen reißt, / sei die Glut in unserm Geist.

4. Der du Weisheit heißt und Rat, / stärke selbst uns Wort und Tat. / Mache unsre Wege grad.

5. Der in einer Taube Flug / Botschaft aus der Höhe trug, / mach uns wie die Taube klug.

6. Licht, das diese Welt erhellt, / schaffe, wenn es dir gefällt, / uns dir gleich zum Licht der Welt.

Text: Jörg Zink, Musik: Hans-Jürgen Hufeisen

Da fragte ihn Nikodemus:
Wie kann einer sein Leben noch einmal beginnen,
wenn er alt ist?
Kann ihn denn seine Mutter noch einmal
in ihren Leib aufnehmen und zur Welt bringen?

Jesus antwortete:
Was ich sage, gilt.
Wenn jemand sein Leben nicht aus Wasser
und Geist neu begonnen hat,
kann er nicht in das Reich Gottes kommen.
Was Menschen zur Welt bringen,
ist und bleibt menschlich.
Was der Geist Gottes schafft,
ist göttlicher Geist.
Wundere dich nicht, wenn ich dir gesagt habe:
Du musst von oben her neu geboren werden.
Gottes Geist kannst du nicht fassen.
Der Wind weht, wo er will.
Du hörst zwar sein Sausen,
aber du weißt nicht,
woher er kommt und wohin er treibt.
So ist es bei jedem,
der Leben und Geist aus Gottes Geist hat.

KANON „Geist, der du Feuer bist, komme" (einstimmig)

LESUNG AUS JOHANNES 14 UND APOSTELGESCHICHTE 2

E Als Jesus sich verabschiedete von der Erde,
sprach er zu seinen Freunden:
Wenn ich nun weggehe,
will ich den Vater bitten,
er möge euch einen Helfer,
einen Beistand schicken,
der für alle Zeiten bei euch bleibt:
den Geist der Wahrheit.

Als fünfzig Tage nach Ostern
der Morgen des Pfingstfests anbrach,
kamen sie alle in einem Haus zusammen.
Plötzlich kam ein Brausen über sie,
als ob ein gewaltiger Sturm sie überfiele.
Das ganze Haus, in dem sie saßen,
war voll davon.
Sie sahen Feuer, das über sie herfuhr,
wie in einzelne Flammen zerrissen.
Gottes Geist erfasste sie alle
und brannte in ihnen.

KANON „Geist, der du Feuer bist, komme"(vierstimmig)

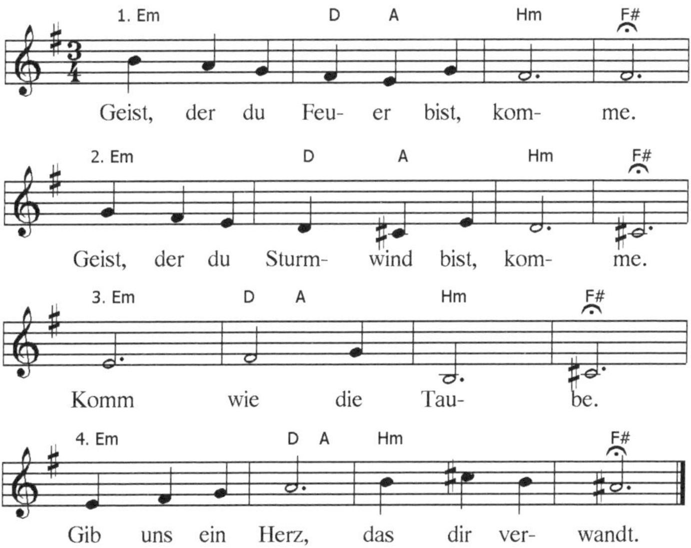

Text: Jörg Zink, Musik: Hans-Jürgen Hufeisen

LESUNG AUS RÖMER 8

E Gott hat uns seinen Geist gegeben,
um an uns dasselbe zu tun,
was er an Jesus Christus getan hat:
Wie er ihn lebendig gemacht hat,
so hat er auch uns ein neues Leben gegeben.
Wer ihr nun und künftig seid,
das bestimmt allein Gott.
Sein Geist wohnt in euch.
Wenn aber nun der Geist Gottes in euch wohnt,
der doch Jesus Christus aus dem Tod erweckt hat,
dann wird er euch zu einem neuen Leben wecken.

Denn wer sich von Gottes Geist führen lässt,
der ist eine Tochter, ein Sohn Gottes.
Wenn wir aber Kinder Gottes sind,
dann gehören wir zu ihm.
Was es aber in dieser Welt an Leiden gibt,
an Schmerzen und Entbehrungen,
ist der Rede nicht wert gegenüber der Herrlichkeit,
die Gott für uns bereithält.

LIED „Heilig bist du" (S. 21)

STILLE, Klang oder Geste

GEBET

E Komm Schöpfer, Heiliger Geist!
Durch dich wird die Welt geschaffen.
Schaffe weiter an ihr.
Schaffe neu, was du gebildet hast.
Verbinde, was zerfällt.
Wecke, was unfruchtbar ist.
Verjünge, was alt ist.
Gib uns Augen, das Licht zu sehen,
das geschaffene und das ungeschaffene.

LIED „Heilig bist du"

E Du Geist der Freiheit,
der uns aus aller Knechtschaft löst,
du Geist der Zuversicht,
du Geist des Friedens, Überwinder des Hasses,
du Geist der Liebe, der die Verzweiflung endet.
Komm, entzünde uns, erfülle uns,
heile uns, stärke uns, verzehre uns.
Du, der Ratlosen Rat,
der Kranken Trost, der Sterbenden Licht.
Wir sind glücklich durch dich, Heiliger Geist,
und preisen dich.

Löse das Erstarrte.
Gib Mut den Verzagten,
Hoffnung den Niedergeschlagenen,
Freiheit den Schuldigen,
Glauben allen, die sich nach Glauben sehnen.

Gib den Stummen ein Wort,
den Liebenden ein Wort der Liebe,
den Dankbaren ein Wort des Danks,
den Wahrheit suchenden ein Wort des Vertrauens
und allen, die nicht wissen,
wie sie dich preisen sollen,
ein Wort, dich zu preisen, unsern Gott.

LIED „Heilig bist du"

E Mache die Toten lebendig,
dass die Kraftlosen sich aufrichten,
die nicht gehen können, Schritte tun,
die keinen Weg wissen, den Weg finden,
die keinen Sinn sehen, ihr Ziel schauen.

Du kommst, Geist aus Gott.
So rufen wir mit den Worten,
die Christus uns gelehrt hat:

A Vater unser im Himmel! …

LIED „Ich segne dich mit dem Lied" (S. 117)
oder „Nun gebe Gott uns seinen Segen" (S. 103)

SEGEN AUS JESAJA 61

E Der Geist Gottes ruht auf uns.
Einen Auftrag hat uns Gott gegeben,
eine Botschaft: Freude den Leidenden.

Er hat uns gesandt, wunde Herzen zu verbinden,
Gefangenen die Freiheit anzusagen,
Gefesselten die Erlösung, und zu rufen:
Jetzt ist die Stunde, da Gott hilft.

Die Trauernden sollen wir trösten,
die in Trauerkleidern gehen,
in Festgewänder hüllen.
Den Schwermütigen, die stumm sind in ihrem Leid,
sollen wir ein Lied singen: Lobgesang und Dank.

Wie die Erde die Saat hervorbringt,
wie ein Garten seine Frucht,
so wächst in uns allen
und in allen Völkern sein Heil.

A Und der Friede Gottes
bewahre unsre Herzen und Sinne
im Geist Jesu, des Christus. Amen.

2. Ich segne dich, ich segne dich, / ich segne dich mit dem Klang. / Ich segne dich, ich segne dich / ich segne dich mit dem Klang, / der dich ganz durchdringt.

3. Ich segne dich, ich segne dich, / ich segne dich mit dem Tanz. / Ich segne dich, ich segne dich, / ich segne dich mit dem Tanz, / der dich so erfreut.

Text: Hildegunde Wöller, Musik: Hans-Jürgen Hufeisen

Geh aus, mein Herz, und suche Freud

VORSPRUCH: MORGENGEBET DER INDIANER PERUS

E Die Morgenröte kleidet sich
in ihr Lichtgewand.
Sie will Ehre erweisen
dem Schöpfer der Menschen.

Der hohe Himmel legt
die Decke seiner Wolken von sich.
Er beugt sich
vor dem Schöpfer der Menschen.

Die Sonne, die Königin
unter den Sternen,
breitet ihre Strahlen aus
wie goldenes Haar.

Der Wind streichelt
die Wipfel der Bäume,
wir hören ihn reden
in den Zweigen.

In den Bäumen singen
die Vögel,
bringen ihr Lied dar
dem Herrn der Erde.

Die Blumen breiten
ihre Farben aus
und ihren Duft.
Es ist herrlich, sie zu sehen.

So rühmt auch
mein Herz dich, mein Vater,
bei jeder Morgenröte aufs Neue.
Dich, meinen Schöpfer!

LIED „Geh aus, mein Herz, und suche Freud" (Str. 1–4)

2. Die Bäume stehen voller Laub, / das Erdreich decket seinen Staub / mit einem grünen Kleide; / Narzissus und die Tulipan, / die ziehen sich viel schöner an / als Salomonis Seide, / als Salomonis Seide.

3. Die Lerche schwingt sich in die Luft, / das Täublein fliegt aus seiner Kluft / und macht sich in die Wälder; / die hochbegabte Nachtigall / ergötzt und füllt mit ihrem Schall / Berg, Hügel, Tal und Felder, / Berg, Hügel, Tal und Felder.

4. Ich selber kann und mag nicht ruhn, / des großen Gottes großes Tun / erweckt mir alle Sinnen; / ich singe mit, wenn alles singt, / und lasse, was dem Höchsten klingt, / aus meinem Herzen rinnen, / aus meinem Herzen rinnen.

Text: Paul Gerhardt 1653 (Strophen 1–3 und 8 des Originals),
Musik: August Harder 1813

GEBET

E Du Fülle der Weisheit,
Heger aller deiner Geschöpfe,
du wohnst im Licht
und bist uns nah im Dunkel.
Dich rühmen alle Wesen,
dich preisen auch wir.

KANON „Du bist des Tages Licht allein" (einstimmig)

E Alles, was ist, hast du geschaffen.
Alles, was lebt, erzählt deine Gedanken.
In allem, was ist, erfüllt sich dein Plan,
auch in uns, du Gott aller Welt.
In dir ist der Himmel über uns,
in dir ist die Erde unter uns.
Du bist die Höhe und die Tiefe,
das Große und das Geringe.
Du bist in dem Wind, den wir atmen.
Du bist in dem Grund, auf dem wir stehen.
Du bist in der Erde, in der wir wurzeln.
Wir sind in dir und rühmen dich,
wunderbares Geheimnis.

KANON „Du bist des Tages Licht allein" (zweistimmig)

E Du schaffst Licht in der Dunkelheit,
Freude in den Traurigen,
Trost in den Schwermütigen,
Klarheit in den Verwirrten,
Leben in den Schwachen.
Schaffe Licht auch in uns in der Frühe des Tages.
Sei uns nahe, damit wir dir nahe sind.
Heile uns, geleite uns, segne uns.
Wir danken dir für deinen Tag.

KANON „Du bist des Tages Licht allein" (vierstimmig)

Text: Jörg Zink, Musik: Hans-Jürgen Hufeisen

PSALM 148

E Alles, was ist, rühme ihn,
unseren Gott.

Stimmt ein, singt mit,
ihr, die oben sind, in der Höhe!
Singt mit, ihr Engel,
das Heer seiner himmlischen Diener.
Singt mit, Sonne und Mond,
singt mit, ihr leuchtenden Sterne!
Singt mit, ihr Welten,
ihr unendlichen Räume im All!
Denn Gottes Werk seid ihr,
geschaffen von seiner Hand.

Stimmt ein, singt mit
hier auf der Erde.
Singt mit in der Tiefe des Meeres
und in den Wolken des Himmels.
Singt mit, Gewitter und Hagel,
singt mit, Schnee und Nebel.
Sing mit, du Sturmwind,
der sein Wort ausrichtet.

Singt mit, ihr Berge und Hügel,
ihr Fruchtbäume, ihr Zedern,
ihr Feldtiere, ihr Tiere im Haus,
ihr Tiere der Erde, ihr Vögel am Himmel.

Stimmt ein, singt mit, ihr Völker,
ihr Regierenden, ihr Richter der Erde.
Singt mit, Frau und Mann,
Greis und Kind.
Rühmt ihn, euren Gott,
denn er allein ist würdig des Ruhms.
Seine Hoheit waltet,
so weit Himmel und Erde sind.

Singt ihm mit all euren Stimmen,
ihr, seine Kinder, ein Volk!

LIED „Singt mit, singt mit"

PSALM 8

E Gott, unser Herrscher, wie herrlich,
dass wir in deinen Händen wissen
Himmel und Erde.

Wenn Kinder dich anrufen,
ja wenn eben Geborene schreien,
rühmen wir deine Weisheit,
die höher ist als die Macht der Mächtigen.

Wenn wir den Himmel sehen,
das Werk deiner Finger,
den Mond und die Sterne,
die du gestaltet hast –

was sind wir Menschen,
dass du unser gedenkst,
was sind unsere Kinder,
dass du sie liebhast?

Du hast uns fast die Würde
himmlischer Wesen gegeben,

2. Singt mit! Ich seh im weiten Rund / euch Sonn und Sterne kreisen. / Ihr geht nach Jahr und Tag und Stund / den, der euch schuf, zu preisen. / So tanzt im Kreis und tut ihm kund/ in unhörbaren Weisen.

3. Singt mit, die hier auf Erden sind, / ihr Fische in den Seen. / Singt mit, ihr Tiere, Schaf und Rind, / ihr Lerchen in den Höhen. / Ihr Wolkenschleier, Luft und Wind, / die durch den Morgen wehen.

4. Ihr Menschen, singt, wer singen kann, / die alten und die jungen. / Mit vielen Stimmen, Frau und Mann, / bis euch das Lied gelungen. / Dem Gott, der diesen Tag begann, / sei euer Lob gesungen.

5. Und noch ein Chor: Um Gottes Thron, / ich wills zu glauben wagen, / erklingt der wunderbare Ton / der Himmlischen, die tragen / auf ihrem Haupt die goldne Kron. / So singt denn! Es will tagen.

Text: Jörg Zink, Musik: Hans-Jürgen Hufeisen nach einem Volkslied um 1534

mit Schönheit und Adel hast du uns gekrönt.
Du gabst uns den Auftrag,
Hüter zu sein über all deine Werke.

Alles legtest du uns zu Füßen.
Schafe, Rinder, Tiere des Feldes,
die Vögel unter dem Himmel
und die Fische im Meer
und was immer im Meer sich regt.

A Gott, unser Herrscher, wie herrlich,
dass wir in deinen Händen wissen
Himmel und Erde.

LIED „wir preisen dich, Gott, du umfassende Kraft"

E Ich denke noch einmal dem 8. Psalm nach:

Gott, du Schöpfer und Gestalter der Welt,
wie herrlich, dass du es bist,
der sie in den Händen hat.

Herr, du Christus,
wie gut, dass wir in dir sehen
das Angesicht unseres Gottes.

Gott, du schöpferischer Geist, wie wunderbar,
dass wir in deiner Kraft mitwirken sollen,
deine Welt zu bewahren.

In einem Kind bist du uns begegnet,
aus seinem Mund kamen Weisung und Heil.
Deine Kinder sind es, um die wir uns ängsten.

Wenn ich den Himmel sehe,
deiner Finger Werk,
den Mond und die Sterne,
die du bereitet hast –

was sind wir Menschen,
dass du unser gedenkst,
und unsere Kinder,
dass du dich ihrer annimmst?

Text: Jörg Zink, Musik: Hans-Jürgen Hufeisen

Du hast uns befähigt,
deine Gedanken zu denken,
Schöpfer zu sein mit dir.

Mach uns nun zu Schützern
deiner herrlichen Erde,
zu Hegern der Kreatur.

Du gabst uns die Weisung,
die Erde zu besitzen,
und sagtest: Selig die Sanften!
Ihrer ist die Erde.

Ihrer, die Gott schauen,
ist das Reich.

Mach uns zu deinen Helfern
und hilf durch uns deinen Kindern
in aller Kreatur.

Gott, du Schöpfer,
wie herrlich zeigst du dich überall!
Zeige dich herrlich
auch an uns.

KANON „Gott, du Quelle des Lebens" (einstimmig)

LESUNG AUS KOLOSSER 1

E Und nun lese ich den großen Christus-Hymnus
aus dem ersten Kapitel des Kolosserbriefs,
der uns in das Geheimnis des schaffenden
und bewahrenden Gottes noch tiefer hineinführt.
So geben wir dem schaffenden Gott
den Namen Christus:

In dir, Christus, schaue ich Gott.
Du bist der Erste, der vor aller Schöpfung war,
der älteste Bruder aller Geschöpfe.
In dir liegt das Geheimnis der Dinge.

Text: Jörg Zink, Musik: Hans-Jürgen Hufeisen

In dir wurde alles geschaffen.
In dir lebt alles Lebendige.
In dir besteht alles, was ist.
In deiner Hand ruhen die Welten der Sterne.
Alles, was groß ist oder klein auf unserer Erde,
ist dein Reich.

Was sichtbar ist und was unsichtbar,
ist eins in dir.
Was an Lebendigem sich regt,
ist lebendig durch dich.
In deiner Hand sind alle Mächte,
alle Gefahren, alle Gewalten.
Deinen Auftrag erfüllen sie,
in dir sind eins Himmel und Erde,
die Elemente der Schöpfung,
ihre Kräfte und Gesetze.
Du bist allem voraus,
und alles hat seinen Bestand in dir.

KANON „Gott, du Quelle des Lebens“ (vierstimmig)

E Und auch wir, die dich suchen,
finden das Leben in dir.
Du bist der Anfang aller Dinge.
Du gehst uns allen voraus.
Durch die Tiefe des Todes
geleitest du uns ins Leben.
In dir erscheint uns die ganze Fülle Gottes,
damit wir Gott finden in allen Geschöpfen.
Du bist auferstanden aus dem Tod
für uns und alle Welt.
Du bist der Anfang und das Ziel.

STILLE, Klang oder Geste

LIED „Heilig bist du“ (dreimal singen)

GEBET

E Du Schöpfer dieser Welt.
Wir leben von deiner Güte und Weisheit.

Die Welt gehört nicht uns, sie gehört dir.
Unsere Wissenschaft geht deinen Gedanken nach.
Unsere Technik verlässt sich auf deine Gesetze.
Unsere Wirtschaft lebt von deinen Gütern.
Unsere Politik ist dir verantwortlich.
Wir danken dir für Geist und Kraft der Menschen,
denn Geist und Kraft sind von dir.

Uns Menschen ist viel Macht gegeben.
Was deine Weisheit geschaffen hat,
ist uns unweisen Menschen anvertraut.
Was du gegeben hast, damit wir leben können,
ist Gefahr geworden für unser aller Leben.
Wir möchten dir danken für deine Welt.
Wir möchten einander schützen
vor Gewalt und Hass.
Wir möchten deine Gaben behüten:
die Menschen und ihr Glück
und das Leben der ganzen Erde.

Text: Jörg Zink, Musik: Hans-Jürgen Hufeisen

Wir bitten dich, bewahre uns den Frieden
und bewahre uns davor,
den Frieden anderer zu gefährden:
den Frieden unserer Kinder, Freunde und Nachbarn
und aller, denen wir begegnen.

Wir bitten dich, Schöpfer dieser Welt,
hilf uns und gib Gelingen.

A Vater unser im Himmel! …

LIED „Geh aus mein Herz und suche Freud"
(Str. 5 und 6, S. 131)

SEGEN

E Ich spreche einen Segen aus dem alten Irland:

Segen sei mit dir,
der Segen des strahlenden Lichts,
Licht um dich her und innen im Herzen.

Sonnenschein leuchte dir
und erwärme dein Herz,
bis es zu glühen beginnt
wie ein großes Torffeuer,
zu dem der Fremde tritt,
sich daran zu wärmen,
und der Freund.

Aus deinen Augen strahle
gesegnetes Licht
wie zwei Kerzen in den Fenstern
eines Hauses,
die den Wanderer einladen,
Schutz zu suchen dort drinnen
vor der stürmischen Nacht.

Wen du auch triffst,
wenn du über die Straße gehst,
ein freundlicher Blick von dir
möge ihn treffen.

6. Erwähle mich zum Paradeis / und lass mich bis zur letzten Reis / an Leib und Seele grünen, / so will ich dir und deiner Ehr / allein und sonsten keinem mehr / hier und dort ewig dienen, / hier und dort ewig dienen.

Text: Paul Gerhardt „Geh aus mein Herz und suche Freud" 1653 (Strophen 14 und 15 des Originals), Musik: August Harder 1813

Und der gesegnete Regen,
der köstliche, sanfte Regen,
ströme auf dich herab.
Die kleinen Blumen mögen
zu blühen beginnen
und ihren Duft ausbreiten,
wo immer du gehst.

Möge der Segen des großen Regens
auf deinen Geist herniederströmen
und ihn hell und rein waschen
und dort einen See füllen,
in dem das Blau des Himmels sich spiegelt
und manchmal ein Stern.

Der Segen der Erde,
der guten, reichen Erde, sei für dich bereit.
Weich sei die Erde, wenn du auf ihr ruhst,
müde am Ende des Tages.
Und leicht ruhe die Erde auf dir
am Ende deines Lebens,
dass du sie am Ende leicht
abschütteln kannst
und auf und davon auf deinem
Wege zu Gott.

WEITERES LIED ZUR AUSWAHL

2. Erde du, um die wir klagen, / Erde, tausendfach versehrt, / die noch immer trägt und nährt, / lass mich in dir Wurzel schlagen. / Mach mich deiner Liebe wert.

3. Wasser, Strom und Meer und Quelle, / ewig wandernd, Wolke, Fluss, / aller Kräfte Überfluss. / Eis und Regen, Ruh und Welle, / Kraft dem, der sich wandeln muss.

4. Feuer, Ursprung aller Welten, / Glut aus Gott, du Licht und Brand, / Licht vom Licht in unsrer Hand. / Was du zeigst, soll sein und gelten: / Wahrheit, uns von Gott gesandt.

5. Luft, du Kraft der Schmetterlinge, / Wind und Atem, Lied und Sang, Stimme du im Überschwang. / Sturm, du formst des Vogels Schwinge, / trägst auch Gottes Wort und Klang.

6. Gott, bewahr der Erde Segen! / Wasser, Tier und Blum und Wind / hüte gütig und gelind. / Liebe will auch mich bewegen, / deiner großen Schöpfung Kind.

Text: Jörg Zink, Musik: Hans-Jürgen Hufeisen

Alle meine Quellen sind in dir

BEGRÜSSUNG UND VORSPRUCH AUS PSALM 36

E Wir begrüßen einander
im Namen des Gottes,
der diese Erde geschaffen hat,
der zu uns sprach in Jesus Christus
und dessen Geist uns nahe ist in allen Dingen.

A Gott, deine Güte reicht, soweit der Himmel ist,
und deine Wahrheit, soweit die Wolken gehen.

Wie die Berge feststehen über den Tälern,
steht deine Gerechtigkeit fest über der Welt.

Wie das Meer unendlich sich breitet,
so ohne Grenzen ist deine Macht.

Wie kostbar ist deine Güte, Gott,
bei dir finden wir Menschenkinder Schutz.

Wir werden satt von den reichen Gütern,
die die Erde darreicht,

und du tränkst uns mit Wonne
wie mit einem Strom.

Denn bei dir ist die Quelle des Lebens,
und in deinem Lichte sehen wir das Licht.

In der Frühe suchen wir dich,
Licht, Weisheit und schaffende Kraft,
und danken dir für deinen Tag.

LIED „Wir sehen, Gott, auf deine Hand"

2. Du gibst der Welt das Sonnenlicht, / die Freude und die Zuversicht. / Mach licht das Herz, so sind wir dein / als deines Lichtes Widerschein.

3. Das Brot, das deine Hand uns bot, / hilf teilen uns, wo Angst und Not. / Mach unser Herz von Sorge frei, / dass es Quell deiner Fülle sei.

4. Du gibst uns deinen guten Geist, / den Tröster, der uns trösten heißt. / So tu durch unser Wort dich kund, / und wir sind deines Geistes Mund.

5. Wirf aus durch uns des Friedens Saat, / stärk uns den Mut und hilf zur Tat, / so geht dein Segen aus ins Land / durch deine Hand und unsre Hand.

Text: Jörg Zink, Musik: Volkslied „Die beste Zeit im Jahr ist mein"

PSALM

E Ich möchte ein Lied versuchen,
mein Lied.
Ich möchte dich rühmen,
dessen Stimme ich höre im Gesang aller Dinge.

Gerühmt seist du, Bildner der Erde und ihrer Kraft.
Gerühmt seist du, Glut im Feuer,
Geist im Wehen des Windes,
Weisheit im Wirken der Wasser.

Gerühmt seist du,
Ursprung und Quelle alles Lebendigen,
aller sichtbaren und unsichtbaren Wesen.
Im Abglanz unserer Lichter
und im Spiegel unserer Bilder
schaue ich dein Licht.

Ich bin eine Stimme unter deinen Geschöpfen.
Ich bringe, was ich empfange,
auf dem kurzen Weg, den ich gehe.
Erde, Feuer, Wind und Wasser,
sie alle haben ihr Geheimnis aus dir.

LIED „Ich möchte ein Lied versuchen" (Str. 1 und 2)

E Die Erde singt mir vor.
Sie preist deine Güte, Gott,
in der Fülle ihrer Gestalten,
deiner unerschöpflichen Gedanken.
Ich nehme ihr Lied auf
und gebe ihm in meiner Liebe seinen Klang.
Das Feuer singt,
es preist dich, der Licht ist und Finsternis,
der Tag und die Nacht.
Ich preise dich mit ihm
und möchte Licht und Brand sein in dir.

Der Wind atmet seinen Gesang.
Er führt mich zu meinem Ziel,

2. Ich möchte ein Licht anzünden, / mein Licht. / Ich möchte dich spiegeln, / dessen Schönheit ich ahne / im Gesang aller Dinge.

3. Ich möchte ein Wort erfinden, / mein Wort. / Ich möchte dich loben, / dessen Atem ich spüre / im Gesang aller Dinge.

4. Ich bin wie ein Kind auf Erden, / dein Kind. / Ich möchte dir spielen, / dessen Segen mich leitet / im Gesang aller Dinge.

Text: Jörg Zink (Str. 1) und Hildegunde Wöller (Str. 2–4),
Musik: Hans-Jürgen Hufeisen

und auf dem Weg preise ich dich,
der du Weg bist und Geist, gegenwärtig in mir.
Das Wasser singt,
es singt von deiner Weisheit und wandelnden Kraft.
Was liegt an mir?
Ich will gerne zu den Narren gehören,
die ihren Namen schreiben in die Wellen des Wassers.

LIED „Ich möchte ein Lied versuchen" (S. 137, Str. 3–4)

MEDITATION ÜBER JOHANNES 1

E Wir denken den großen Hymnus des Johannes, der beginnt „Im Anfang war das Wort", mit unseren Worten weiter:

Im Anfang war das Wort.
Es war Gott nahe und von seiner Art.
Nicht Zufall, nicht blinde Kraft
brachten die Welt hervor.
Im Anfang war Gottes Geist.
Denkend. Gestaltend. Voller Liebe.
Im Anfang schuf Gottes Geist
Himmel und Erde.
Gott sprach: Es werde Licht!
Und es ward Licht.
Gottes Geist wurde sichtbar
an Himmel und Erde.
Gottes Geist wurde fassbar
in der Welt und ihrer Ordnung.
Gottes Geist nahm Gestalt an,
und die Welt wurde schön.

Am Anfang war schaffende Kraft.
Am Anfang war gestaltender Wille.
Am Anfang war klarer,
lichtvoller Geist,
und es wurde eine Welt
voll schaffender Kräfte,

voll gestaltender Energien,
voll klarer, sinnvoller Ordnungen.
Aber das Wort
war nicht nur Anfang.
Es ist noch immer die schaffende Kraft,
das heimliche Wesen der Dinge.

LIED „Gott, dur Ursprung unsrer Welt“ (einstimmig)

Text und Musik: Hans-Jürgen Hufeisen

E Im Wort, das du sprichst, Gott,
ist das Leben,
und das Leben ist das Licht,
in dem wir stehen.
Er, Christus, ist das Licht,
das uns allen leuchtet.
Er war in der Welt,
die Welt ist durch ihn gemacht,
er kam in sein Eigentum,
und die Seinen nahmen ihn nicht auf.
Die ihn aber aufnahmen,
die machte er zu seinen Kindern.
Nicht aus menschlichem Willen wurden sie es,
sondern aus seiner Kraft.
Das Wort wurde ein Mensch
und wohnte unter uns,
und wir sahen die Herrlichkeit,
die der Sohn hat vom Vater,
voller Gnade und Wahrheit.
Und aus seiner Fülle
haben wir alle empfangen
Gnade um Gnade.
Niemand hat Gott je gesehen.
Er allein, der von Gott kam,
Christus, hat uns Kunde gebracht.

LIED „Gott, du Ursprung unsrer Welt" (vierstimmig)

E Im Anfang unseres eigenen Lebens
war das Wort,
schaffender Geist aus Gott.
Auch wir selbst kommen
aus seiner schaffenden Kraft,
aus seiner gestaltenden Kunst.
Die leise Stimme Gottes
begleitet uns über die Erde.
Uns aber ist gegeben, zu antworten
mit Leib und Seele.
Gottes Geist spricht nun in uns,

und wir hören seine Sprache
in unserem Wort.
Gottes Geist gibt uns Ohr und Stimme,
und neue Schöpfung geschieht,
neuer Anfang aus dem Wort.
Denn aus seiner Fülle
haben wir alle empfangen
Gnade um Gnade.

Im Anfang aber liegt das Ziel,
Vollendung erwartet die Schöpfung.
Im Anfang war das Wort.
Am Ende wird das Wort sein.
Das Wort kehrt zurück zu Gott,
und Gott ist aufs Neue das Wort.
Alle Dinge sind durch ihn vollendet;
was jemals war, geht ein in das Wort.
In ihm ist das Leben,
und das Leben ist das Licht aller Wesen.
Der Christus aber, der in die Welt kam,
führt sie zum Ziel.
Er wird am Ende das Wort sein,
das Gott der Welt zuspricht.
Am Ende ist das Wort,
und alle Dinge sind vollendet in ihm.

LIED „Gott, du Ursprung unsrer Welt" (vierstimmig)

Wenn wir an einem Platz stehen, von dem aus ein freier Blick nach allen Seiten möglich ist, wenden wir uns nach den vier Richtungen.

GEBET

LIED „Halleluja. Du bist die Mitte der Welt"

Wir wenden uns nach Osten:

E Wir schauen nach Osten,
wo dein Tag anbricht.
Wir sehnen uns nach Licht,
nach Klarheit und Weisheit.
Wir sehnen uns nach dem Leben,
das du auferstehend gestiftet hast.

LIED „Halleluja. Du bist die Mitte der Welt"

Wir wenden uns nach Süden:

E Wir schauen nach Süden,
woher dein Licht kommt, deine Kraft.
Wir möchten etwas tun,
mit behutsamer Hand und sorgsamem Herzen.
Etwas, das deine Schöpfung heilt.
Heile du zuvor uns selbst.

LIED „Halleluja. Du bist die Mitte der Welt"

Wir wenden uns nach Westen:

E Wir schauen nach Westen,
wo die Sonne untergeht.
Wir sehen die Gefahr, dass alles zu Ende geht.
Wir ahnen beim Blick in den Untergang
die Kostbarkeit des Lebens aller
deiner Geschöpfe.

LIED „Halleluja. Du bist die Mitte der Welt"

Wir wenden uns nach Norden:

E **Wir schauen nach Norden,**
wo die Nacht ist, auch die Nacht in uns selbst.
Wir haben dich und uns selbst verloren.
Wir bitten dich, komme aufs neue zu uns
und wandle uns in Bilder deiner Barmherzigkeit.

Wir wenden und wieder zur Mitte.

LIED „Halleluja. Du bist die Mitte der Welt"

Text: Jörg Zink, Musik: Hans-Jürgen Hufeisen

E Du Schöpfer dieser Welt.
Wir leben von deiner Güte und Weisheit.
Uns Menschen ist viel Macht gegeben.
Was deine Weisheit geschaffen hat,
ist uns unweisen Menschen anvertraut.
Was du gegeben hast, damit wir leben können,
ist Gefahr geworden für unser aller Leben.

Wir möchten dir danken für deine Welt.
Wir möchten einander schützen
vor Gewalt und Hass.
Wir möchten deine Gaben behüten:
die Menschen und ihr Glück
und das Leben der ganzen Erde.

Wir bitten dich, bewahre uns den Frieden
und bewahre uns davor,
den Frieden anderer zu gefährden:
den Frieden unserer Kinder, Freunde und Nachbarn
und aller, denen wir begegnen.
Wir bitten dich, Schöpfer dieser Welt,
hilf uns und gib Gelingen.

A Vater unser im Himmel! ...

LIED „Wenn die Sonne steigt" (S. 27)

SEGEN NACH PSALM 67

E Eines wünschen wir uns:
dass Gott freundlich ist und uns segnet.
Dass er uns Licht gibt, das Licht seiner Liebe,
damit wir auf unserer Erde wissen,
welche Wege wir gehen sollen,
und damit alle Völker das Ziel sehen,
zu dem er führen will.

A Die Völker sollen dir danken, Gott,
danken sollen dir alle Völker.
Sie sollen sich freuen,

dass du Recht und Ordnung gabst
und deinen Willen behauptest
unter den Menschen.

Die Völker sollen dich preisen, Gott,
preisen sollen dich alle Völker,
dass du ihr Leben erhältst
mit Frucht aus der Erde.

Gott segne uns,
dass auch aus unserem Herzen
Frucht wächst: Glaube und Dank.
Es segne uns Gott, und alle Welt ehre ihn.

E Gott,
der Ursprung und Vollender
aller Dinge,
segne dich,
gebe dir Gedeihen und Wachstum,
Erfüllung deinen Hoffnungen,
Frucht deiner Mühe
und am Ende das Ziel deiner Wege.

A Amen (gesungen)

Musik: Hans-Jürgen Hufeisen

Still und ruhig ist mein Herz

VORSPRUCH AUS PSALM 37

E Freue dich an Gott, er wird dir geben,
was dein Herz wünscht.
Befiehl dem Herrn deine Wege
und hoffe auf ihn, er wird's zu Ende führen,
er lässt deine Gerechtigkeit
aufgehen wie das Licht
und dein Recht wie die Helle des Mittags.
Sei stille vor Gott und warte auf ihn.

RUF „Stille. Neige deines Herzens Ohr"

PSALM 131

E Mein Herz, o Gott,
will nicht Ansehen, nicht Macht.
Ich schaue nicht nach Ruhm aus
und nicht nach Reichtum.
Ich gehe nicht mit großen Plänen um
und nicht mit Träumen über große Dinge.
Sie sind zu wunderbar für meinen Geist.
Ich taste dein Geheimnis nicht an.
Mein Herz ist still,
und Frieden ist in meiner Seele.
Wie ein gestilltes Kind bin ich,
das bei seiner Mutter schläft.
Wie ein gesättigtes Kind,
so ist meine Seele still in mir.
Ich vertraue allein dir,
heute und in Ewigkeit.

KANON „Still, still und ruhig ist mein Herz"

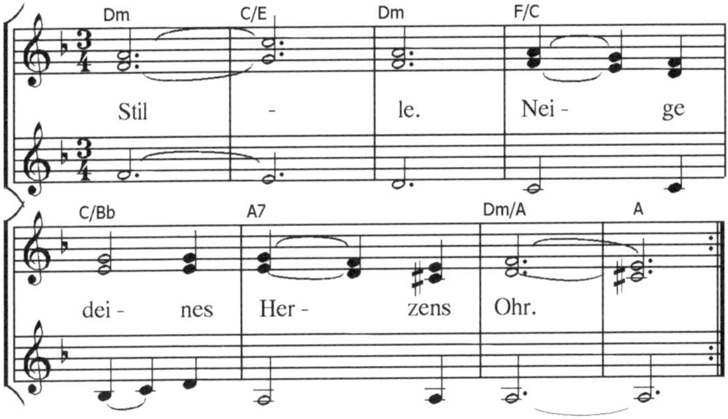

Text nach der Regel des Benedikt von Nursia und Musik: Hans-Jürgen Hufeisen

Text nach Psalm 131 und Musik: Hans-Jürgen Hufeisen

GEBET

E Schweigen möchte ich, Gott,
und auf dich warten.

Schweigen möchte ich,
damit ist verstehe,
was in deiner Welt geschieht.

Schweigen möchte ich,
damit ich den Dingen nahe bin,
allen deinen Geschöpfen, und ihre Stimme höre.

Ich möchte schweigen,
damit ich unter den vielen Stimmen
die deine erkenne.

Ich möchte schweigen
und darüber staunen,
dass du für mich ein Wort hast.

Ich bin nicht wert, dass du zu mir kommst,
aber sprich ein Wort,
so wird meine Seele gesund.

STILLE, Klang oder Geste

LESUNG AUS 1 UND 2 PETRUS

E Fest steht das prophetische Wort,
und ihr tut wohl, darauf zu achten.
Es ist ein Licht,
leuchtend an einem dunklen Ort,
bis der Tag anbricht
und der Morgenstern aufgeht
in euren Herzen. (2 Petr 1,19)

Gott, der heilig ist, hat euch gerufen.
Ihr sollt durch ihn heilig werden
in allem, was ihr tut.
In der Schrift steht das Wort:
„Ihr sollt heilig sein, denn ich bin heilig." (1 Petr 1,16)

LIED „Heilig bist du, Ursprung der Welt" (S.161, dreimal singen) oder **RUF** „Stille. Neige deines Herzens Ohr" (S. 147)

E Bewahre in dir, was du hörst. Du hörst, was dir gesagt wird, und wiederholst davon das eine oder andere Wort. Und lass dabei alles in dir ruhen. Gehe in die „Kontemplation"* ein:

Nichts kann mir gefährlich werden.
Nichts kann mich fällen.
Ich stehe in Gottes Hand
und werde darin stehen bleiben.

Ich lasse mich fallen.
Es ist einer, der mich auffängt.

Es ist Frieden. Es ist alles gut.

Ich will nichts. Ich plane nichts.
Ich eile nicht. Es gibt keine Zeit.

Ich bin gegenwärtig in dem gegenwärtigen Gott.
Ich ruhe in der Ruhe Gottes.

Ich lasse mein Herz ruhen.
Ich muss nichts tun. Nichts leisten.
Gott allein wirkt.

Die Ruhe Gottes macht alles ruhig,
und wer sich für Gottes Ruhe auftut, der ruht.

Ich bin nicht verlassen.
Wenn die Nacht vorüber ist, wird Tag sein.
Und der Tag wird mich in Licht verwandeln.

Mit mir kehrt die ganze Welt in Gott heim.
Dahin, wo sie schon immer war.

Ich höre ein ferne Musik.
Sie sagt, alles sei gut,
weil Gott das Instrument ist und der Spieler.
Gott ist alles in allem. Alles auch in mir.

STILLE, Klang oder Geste

* „Kontemplation" ist die Erfahrung des Ganzen der Welt und des Ganzen unseres Daseins, die Erfahrung, dass alles in Gott und Gott in allem ist.

LESUNG AUS LUKAS 8

E An einem jener Tage
seines Wirkens in Galiläa bestieg Jesus
mit seinen Jüngern zusammen ein Schiff:
„Auf! Wir fahren ans andere Ufer!"
Und sie fuhren ab.

Plötzlich kam ein Sturm auf.
Das Wasser schlug ins Schiff,
und sie kamen in große Gefahr.
Da weckten sie ihn und riefen:
„Meister, Meister, wir gehen unter!"

Er stand auf und herrschte den Sturm an
und das Gewoge der Wasser.
Da ließen sie nach, und tiefe Stille breitete sich
über dem See aus.

An seine Begleiter gewandt aber sagte er:
„Wo habt ihr denn euren Glauben?"
Da fürchteten sie sich und waren ratlos
und fragten einander:
„Was ist das für einer, dass er dem Wind
und dem Wasser gebietet und sie ihm gehorchen?"

Andere Schriftlesung: 1 Könige 19 (Gotteserfahrung des Elija in der Höhle)

LIED „Du naher Gott, du Licht und Macht"

2. Geheimnis, leiser Hauch und Wind, / du Lebensgeist, den wir nicht fassen, / durchwehe uns wie Atem lind, / sanft aufgenommen, sanft entlassen.

3. Zum Tag gehn wir aus dir hervor, / im Mittag gilt dein Werk und Wille, / am Abend gehn wir durch dein Tor, / zu ruhn des Nachts in deiner Stille.

Text: Jörg Zink, Musik: Hans-Jürgen Hufeisen

HORCHEN AUF EINE LEISE STIMME

E Der dänische Theologe und Philosoph Sören Kierkegaard (1813–1855) sagt vom Gebet:

Als mein Gebet immer andächtiger
und innerlicher wurde,
da hatte ich immer weniger und weniger zu sagen.
Zuletzt wurde ich ganz still.

Ich wurde, was womöglich
ein noch größerer Gegensatz zum Reden ist,
ich wurde ein Hörer.

Ich meinte erst, Beten sei Reden.
Ich lernte aber,
dass Beten nicht nur Schweigen ist, sondern Hören.

Beten heißt nicht sich selbst reden hören,
beten heißt still werden und still sein
und warten, bis der Betende Gott hört.

LANGE ZEIT DER STILLE

KANON „Gib uns Frieden"

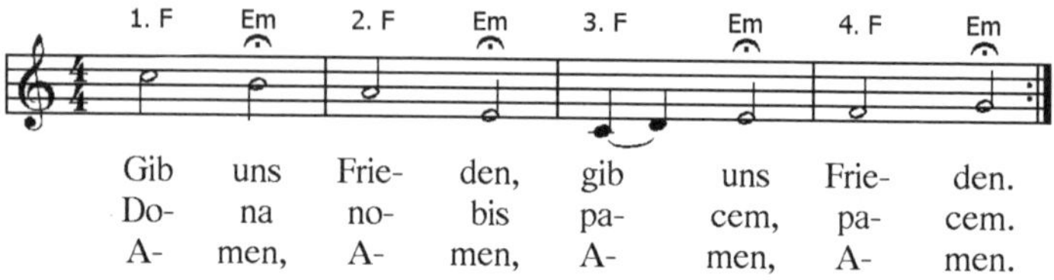

Textgestaltung und Musik: Hans-Jürgen Hufeisen

SEGEN

E Gott segne dich und behüte dich.
Er sei dir freundlich.
Seine Liebe umgebe dich.

Er behalte dich im Auge.
Er führe dich auf deinem Weg
und gebe dir Frieden.

LIED „Möge meine Seele"
oder **KANON** „Gib uns Frieden" (mit dem Text „Amen")

Text und Musik: Hans-Jürgen Hufeisen

Eins sein mit Gott und mit den Menschen

Zu allen Zeiten haben die Christen das heilige Mahl gefeiert. Teils als „Liebesmahl", bei dem die Armen einer Stadt oder einer Gemeinde zu einer wirklichen Mahlzeit eingeladen waren, teils als sakramentale Feier, bei der das Essen und Trinken symbolischen Sinn hatte und als Tischgemeinschaft mit Christus begangen wurde. Zu allen Zeiten wurden unter Christen das Brot und der Wein verschieden gedeutet, wie sie ja ihren Glauben insgesamt verschieden bekannt haben. Was wir lernen sollten, das ist, auch die Glaubensweisen anderer zu achten und auch mit denen Tischgemeinschaft zu halten, die dem Essen und Trinken eine andere Deutung geben. Wichtig ist nicht, worin sie sich unterscheiden, sondern dass sie alle die Einladung dessen annehmen, der dieses Mahl gestiftet hat, und dabei tiefer in den Frieden finden, den er uns allen auf unsere Wege mitgibt.

VORSPRUCH

E **Im Namen des Vaters und des Sohnes**
und des Heiligen Geistes.
Wir treten in das Haus ein,
das seine Güte uns bereitet hat.
Wir treten an seinen Tisch,
auf dem seine Gaben liegen, von denen wir leben,
das Brot und der Wein.
Wir sammeln unsere Sinne und Gedanken
auf das Geheimnis seiner Gegenwart.

KANON „Von langen Straßen" (Kanon I)

E Georg Trakl, der jung verstorbene Dichter aus der Frühzeit des deutschen Expressionismus (1878–1914) fasst in seinem Gedicht „Ein Winterabend" die Einladung zum heiligen Mahl in ein wunderbares Bild:

Wenn der Schnee ans Fenster fällt,
lang die Abendglocke läutet,
vielen ist der Tisch bereitet
und das Haus ist wohlbestellt.

Text: Jörg Zink, Musik: Hans-Jürgen Hufeisen

(Kanon I und II lassen sich zusammen singen.)

Mancher auf der Wanderschaft
kommt ans Tor auf dunklen Pfaden.
Golden blüht der Baum der Gnaden
aus der Erde kühlem Saft.

Wanderer, tritt still herein;
Schmerz versteinerte die Schwelle.
Da erglänzt in reiner Helle
auf dem Tische Brot und Wein.

KANON „Von langen Straßen" (Teil II: „Ruhen")

Die folgenden drei Psalmen 65, 100 und 147 sind Alternativen!

PSALM 65

E Dich, o Gott, rühmen wir
in der Stille deines Hauses.
Du hörst, wenn wir zu dir reden,
darum kommen wir zu dir.
Glücklich, dem du nahe bist,
der sich dir nahen darf,
dein heiliges Mahl zu empfangen
vor deinem Altar.

KANON „Ich will den Ruhm des Herrn verkünden" (einstimmig)

E Denn du machst fröhlich alle Kreatur
gegen Morgen und gegen Abend.
Du besuchst das Land,
du segnest es mit Regen.
Reich machst du die Erde,
von Wasser überfließend die Bäche.
Reich machst du die Erde
und bereitest das Korn, dein Brot.

KANON „Ich will den Ruhm des Herrn verkünden" (zweistimmig)

E Du krönst das Jahr mit deiner Gabe.
Wo immer du gingst, ist Fülle.
Die Auen in der Wüste freuen sich,
die Hügel in der Runde danken dir.
Die Weiden kleiden sich mit Herden
wie mit einem Gewand,
die Täler hüllen sich in Korn
wie in ein Kleid.
Sie jubeln einander zu,
ja, sie singen dir, Gott.

KANON „Ich will den Ruhm des Herrn verkünden"
(vierstimmig)

Text: Aus Psalm 145, Musik: Hans-Jürgen Hufeisen

PSALM 100

E Preiset mit uns Gott,
dient ihm mit fröhlichem Herzen,
kommt, sein Fest zu feiern!

Denn er ist gegenwärtig,
über uns, um uns, in uns,
allein würdig der Anbetung.

Er hat uns gemacht
und nicht wir selbst
zu Kindern seines Hauses.

A Wir ziehen durch seine Tore ein
und bringen unsere Dankbarkeit,
ihm, der so nahe ist.

Wir stehen vor ihm
in seiner Gegenwart
und singen sein Lob.

Denn er ist freundlich.
Ewig währt seine Güte
und seine Wahrheit alle Zeit.

LIED „Du Licht des Morgens, Halleluja",
bzw. „Du Stern des Abends"

PSALM 147

E Gut ist es, Gott zu preisen,
schön, ihm zu singen, zu spielen,
ihm zu danken ein Fest.

Denn er ist hoch über aller Welt.
Er hat die Zahl der Sterne bestimmt
und ruft sie alle mit Namen.

Groß ist er und reich an Kraft,
unergründlich ist seine Weisheit,
seine Nähe wunderbar.

Text: Jörg Zink, Musik: Hans-Jürgen Hufeisen

Er heilt die zerrissenen Herzen
und ihre Leiden
und hilft den Gebeugten auf.

A Darum danken wir ihm
mit unseren Liedern
und spielen auf Instrumenten.

Er bedeckt den Himmel mit Wolken
und schenkt der Erde Regen.
Gras wächst auf den Bergen.

Er gibt den Tieren Nahrung,
den jungen Raben,
die nach ihm rufen.

Er hat kein Wohlgefallen
an Menschen, die stolz einherschreiten,
wie Kriegsrosse sich gebärden.

E Ihm sind die nahe,
die sich ihm auftun,
seine Güte zu empfangen.

LIED „Du Licht des Morgens, Halleluja"
bzw. „Du Stern des Abends" (S. 159)

LOBGEBET

E Christus, wir preisen dich,
wir beten dich an,
wir rühmen deine Wunder.
Wir freuen uns an dem festlichen Tag,
den wir aus deiner Hand empfangen.

Wir danken dir für das Mahl
und für allen Überfluss, den wir genießen.
Wir danken dir für den Trank,
Sinnbild und Zeichen des Fests.
Wir danken dir für alle Liebe, die uns umgibt,
für alle Nähe von Menschen, die wir lieben.
Wir danken dir, dass du uns Grund gibst,
fröhlicher und guter Dinge zu sein.

Wir danken dir für dein Geleit
bis zu dieser Stunde.

Wir freuen uns über alles, was gelingen darf,
und glauben dir,
dass zuletzt unser ganzes Leben gelingen wird,
wenn wir nach aller Mühe
dein Fest feiern in Ewigkeit.

LIED „Heilig bist du“ (dreimal singen)

Text: Jörg Zink, Musik: Hans-Jürgen Hufeisen

BEKENNTNIS

E Wir bekennen unseren Glauben mit Worten von Anton Rotzetter:

A Du
Gott im Himmel oben
unbegreiflicher ferner
Vater
wir beten dich an.

Du
Gott auf der Erde unten
begreiflicher naher
Jesus
wir lieben dich.

Du
Gott in uns
begriffener begeisternder
Geist
wir bezeugen dich.

E Wir bekennen unsere Ferne von Gott:

Wir kommen in dein Haus, o Gott.
Wir kommen an deinen Tisch.
Wir kommen, deine Gaben zu empfangen.
Dein Haus, das du uns Menschen öffnest, ist die Erde.
Dein Tisch, an dem du uns bewirtest,
ist die Fruchtbarkeit des Feldes,
die Kraft des Ackerbodens.
Die Gaben, die du uns anbietest,
sind die Früchte deiner Erde.

Aber wir verwüsten dein Haus.
Wir zerstören die Erde.
Wir räumen deinen Tisch ab.
Die Ackerböden werden unfruchtbar.
Wir verderben deine Gaben.
Das Gift, mit dem wir die Erde anfüllen,
ist in allem, was auf ihr wächst.

Dein Haus, Gott, ist ein Haus
für alle deine Geschöpfe.
Wir aber tun so, als gehörte es uns allein.
Dein Tisch war gedeckt für alle deine Kinder,
die Pflanzen und die Tiere.
Wir haben uns an ihm breit gemacht,
als gehörte er uns allein.
Deine Gaben haben wir an uns gerissen,
als gehörten sie uns allein.
Erbarme dich aller deiner Kinder.

A Herr, ich bin nicht wert,
dass du unter mein Dach gehst,
aber sprich nur ein Wort,
so wird meine Seele gesund.

LIED „Miserere nobis, der du trägst die Sünd der Welt"

Text: Jörg Zink, Musik: Hans-Jürgen Hufeisen

E Ein elfjähriges Mädchen namens Anna Soldi schrieb, selbst ein Kind, ein Gedicht für Kinder:

Ich sah, wie der Bäcker ein Herz
machte aus Brot.
Groß und heiß und duftend.
Da dachte ich:
wenn ich ein Herz aus Brot hätte –
wie viele Kinder könnten davon essen!
Ich gäbe euch gerne,
meine hungrigen Freunde,
von meinem Herzen aus Brot.

Aber das ist ein Traum,
und meine hungrigen Freunde
weinen noch immer.
Ach, wäre mein Herz doch aus Brot!

LIED „Miserere nobis, der du trägst die Sünd der Welt" (S. 163)
oder **KANON** „Kyrie … Höre unsre Klage" (S. 79)

ZUSPRUCH DER VERGEBUNG

E Die Vergebung, die uns Gott auf unseren weiteren Weg mitgibt, hören wir mit den Worten des 23. Psalms:

Gott ist mein Hirte,
mir wird nichts mangeln.
Er weidet mich auf einer grünen Aue
und führt mich zum frischen Wasser.

Er erquickt meine Seele.
Mein Weg ist ohne Gefahr,
denn er selbst ist es,
der mich leitet.

Und wanderte ich im finstern Tal,
so fürchte ich kein Unglück,
denn du bist bei mir.
du gibst mir Frieden.

Du deckst mir meinen Tisch
in deinem Haus,
in das kein Feind mir folgt,
keine Schuld und kein Fluch.

Du machst meine Seele rein
und schmückst mich festlich.
Der Becher, den ich trinke,
fließt über von erfrischendem Trank.

Mit Güte und Freundlichkeit
umgibt mich Gott, solange ich lebe,
und ich habe Wohnrecht in seinem Haus
jetzt und in Ewigkeit.

LIED „Wenn die goldne Sonne steigt" (S. 51)

EINSETZUNGSWORTE

E So finden wir uns ein an dem Tisch, an dem Jesus Christus seine Gäste bewirtet, und hören die Worte der Einsetzung dieses Mahls:

In der Nacht, da er verraten ward
und mit seinen Jüngern zu Tische saß,
nahm Jesus das Brot,
sagte Dank und brach's,
gab's seinen Jüngern und sprach:
Nehmet, esset, das ist mein Leib,
der für euch gegeben wird.
Das tut zum Gedenken an mich.

Danach nahm er den Kelch,
sagte Dank, gab ihnen den und sprach:
Trinket alle daraus,
das ist der neue Bund, mein Blut,
das für euch und für viele vergossen wird
zur Vergebung der Sünden.
So tut zum Gedenken an mich.

Ein anderer, eine andere:

E Paulus spricht es nach:

Wer in Christus ist, ist ein neues Geschöpf.
Das Alte ist vergangen. Alles ist neu geworden.
Denn Gott war in Christus
und versöhnte die Welt mich sich selbst.
Und so bitten wir nun im Auftrag des Christus:
Lasst euch versöhnen mit Gott.

Christus ist für uns alle gestorben,
damit wir, die leben,
künftig nicht für uns selbst leben,
sondern für den, der für uns
gestorben und auferstanden ist.

Ein anderer, eine andere:

E Wir hören Jesus sagen:

Kommt her zu mir, die ihr mühselig
und beladen seid, ich will euch erquicken.
Ich will euch an meinem Tisch empfangen
und Frieden schließen mit euch.
Kommt her. Ich breche für euch das Brot.
Kommt, ich biete euch den Wein.

Brecht nun das Brot mit allen,
die seiner bedürfen.
Gebt von dem Wein meines Fests
allen Wesen der Erde.

A Christus, du Lamm Gottes,
der du uns trägst,
die Verletzten und die Schuldigen,
und verwundbar bist.

Mache uns verwundbar,
damit wir nun dich tragen,
du kostbares Leben,
zu allen, die deines Lebens bedürfen.

LIED „Wachet auf, ruft uns die Stimme" (Str. 1 und 2)
oder ein anderes Abendmahlslied

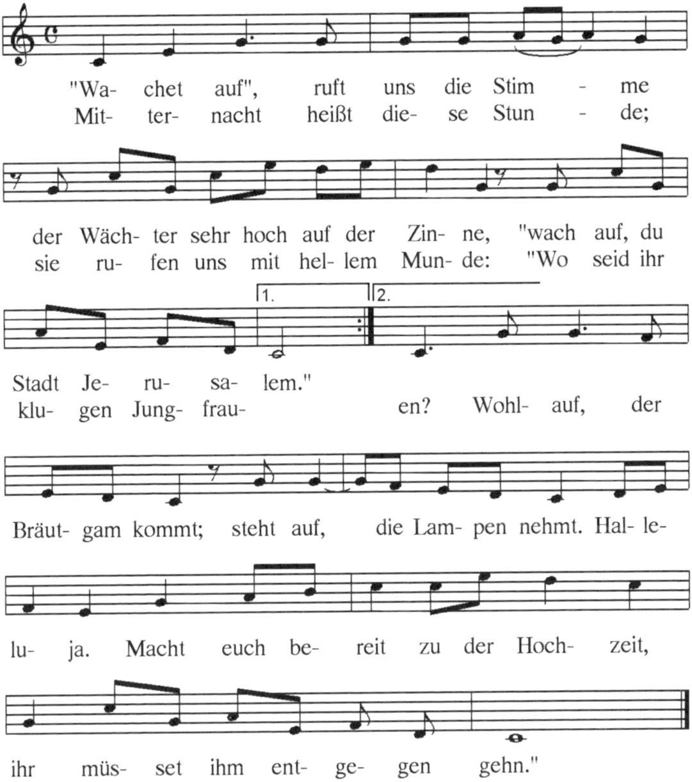

2. Zion hört die Wächter singen; / das Herz tut ihr vor Freuden springen, / sie wachet und steht eilend auf. / Ihr Freund kommt vom Himmel prächtig, / von Gnaden stark, von Wahrheit mächtig; / ihr Licht wird hell, ihr Stern geht auf. / „Nun komm, du werte Kron, / Herr Jesu, Gottes Sohn, / Hosianna. / Wir folgen all zum Freudensaal / und halten mit das Abendmahl."

Text und Melodie Philipp Nicolai 1599

AUSTEILUNG

Wir reichen einander Stücke vom Brot und den Wein mit den Worten:

Das ist Christus.
Er spricht: Ich bin das Brot.
Nimm und iss!
Ich komme zu dir.
Ich bin in dir.
Du wirst leben.
In Ewigkeit.

Das ist Christus.
Er spricht: Ich bin der Wein.
Ich will in dir wirken.
In dir reifen.
Bis du ganz in Gott bist.
Lebendig wie ich.
In Ewigkeit.

oder:

Christus spricht:
Nimm und iss.
Das bin ich, Christus.
Ich will in dir Frucht schaffen.
Leben und lebendige Kraft.
Leben in Ewigkeit.

Christus spricht:
Nimm und trink.
Das bin ich, Christus.
Ich will in dir wirken.
Festliche Freude schaffen in dir.
Denn alles ist gut. In Ewigkeit.

Oder so, wie es Ihnen selbst gegeben wird, zu sprechen.

LIED während der Austeilung: „In dir, Gott, zu sein"

2. Du sieht unsre Not, / du Trost der leidenden Erde. / So gib uns, Tröster zu werden. / Mach uns zu Brot.

3. Die Fülle ist dein. / So gib uns, dass wir dir gleichen, / freundlich dem Dürstenden reichen / goldenen Wein.

Text: Jörg Zink, Musik: Hans-Jürgen Hufeisen

DANKGEBET

E Der Psalm 131 dankt Gott:

Mein Herz ist still,
und Frieden ist in meiner Seele.
Wie ein gestilltes Kind bin ich,
das bei seiner Mutter schläft.
Wie ein gesättigtes Kind,
so ist meine Seele still in mir.
Ich vertraue allein dir,
heute und in Ewigkeit.

A Du Gott, der uns in Brot und Wein begegnet,
wir preisen dich,
wir beten dich an,
wir rühmen deine Herrlichkeit.
Wir danken dir für das Mahl

und für allen Überfluss, den wir genießen.
Wir danken dir für den Trank,
Sinnbild und Zeichen des Fests.
Wir danken dir für alle Liebe, die uns umgibt,
für alle Nähe von Menschen, die wir lieben.
Wir freuen uns über alles, was gelingen darf,
und glauben, dass zuletzt unser ganzes Leben
gelingen wird, wenn wir nach aller Mühe
dein Fest feiern in Ewigkeit.

E Für uns und alle Geschöpfe dieser Erde
sprechen wir gemeinsam das Gebet, das Jesus Christus
uns geschenkt hat:

A Vater unser im Himmel! …

LIED „Gloria sei dir gesungen"

Text und Melodie: Philipp Nicolai 1599 („Wachet auf, ruft uns die Stimme", 3. Str.), Satz: Johann Sebastian Bach (1685–1750)

Wenn sich an die liturgische Mahlfeier ein gemeinsames Essen anschließt, kann dieses mit folgendem Tischgebet von Reinhold Schneider begonnen werden:

E Du bist das Brot, vom Altar strömt dein Leben
in unser irdisch Leben ein.
Willst du dem Tische deinen Segen geben,
soll auch der Tisch geheiligt sein.
Was wir empfangen, wollen wir erheben,
wie du beim heil'gen Mahl getan.
Lass alle leben, Herr, von deinem Leben,
nimm auch die Toten gnädig an.

Die gottesdienstliche Feier oder das gemeinsame Essen endet mit dem Segen:

SEGEN

E Jesus sagt:
„Frieden lasse ich euch.
Meinen Frieden gebe ich euch.
Ich gebe nicht,
wie man sonst in dieser Welt gibt.
Euer Herz erschrecke nicht
und fürchte sich nicht."

Lasst eure Güte ausstrahlen
zu allen Menschen.
Christus ist nahe.
Sorget nichts,
bittet Gott um alles,
was euch fehlt, und dankt ihm.

Ein anderer, eine andere:

E Gott,
der Ursprung
und Vollender aller Dinge,
segne euch.
Er sehe euch freundlich an,
er heile und tröste euch.
Er gebe euch Frieden,

das Wohl des Leibes
und das Heil der Seele.
Amen.

SCHLUSSGESANG „12-faches Amen"

Textgestaltung und Musik: Hans-Jürgen Hufeisen

Alphabetisches Verzeichnis der Lieder und Gesänge

HINWEIS
Chor- und Begleitsätze für die Lieder sind erhältlich unter:
www.hufeisen.com (shop download) oder per E-Mail unter: info@hufeisen.com